스타일리시하고 쉬운
원피스 만들기

이즈미 마유코

첫머리

단 하나의 패턴으로 얼마나 다양한 디자인의 옷을 만들 수 있는지
당신은 알고 있나요?

패턴을 자르고 원단을 갖추고,
원단의 올방향을 맞춰 원단을 재단하기까지의 과정은
봉제하는 과정보다도 많은 시간이 걸립니다.
그렇기 때문에, 처음부터 하나하나 패턴을 제도해서 만들기 보단
마음에 드는 패턴 하나로 다양한 디자인의 옷을 만들어 보세요.

원단을 바꾸거나 소매길이 등을 수정하여 패턴을 조금만 변형해도
같은 패턴으로 만든 것이라고는 생각되지 않을 정도로
다양한 디자인의 옷이 완성되는 것에 놀랄 것입니다.
옷을 직접 만드는 것이 어렵다고 느껴질 수도 있겠지만
지퍼를 따로 달지 않아도 되고, 요령만 잘 기억해두면 의외로 간단하게 완성할 수 있습니다.

잘 만든 패턴은 그 사람을 더욱 아름답고 돋보이게 합니다.
그리고 원단만 바꾸면 평상복부터 특별한 날에 입을 수 있는 옷 등
사이즈에 맞는 다양한 옷을 만들 수 있습니다.

그날 입는 옷이 하루를 결정짓는다고 생각할 만큼 옷은 중요합니다.
나를 가장 잘 아는 것은 자기 자신입니다.
자신의 훌륭함을 알게 될 계기가 되고,
꼭 맞는 한벌을 위해 핸드메이드에 도전해보세요.
이 책이 여러분의 삶에서 도움이 되길 바랍니다.

이즈미 마유코

Contents

( ) 안은 *How to make*

첫머리 *p.2*
날씬해 보이는 포인트 *p.6*

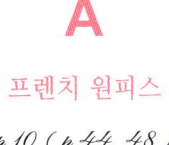

Pattern I

프렌치 슬리브 패턴

A
프렌치 원피스

p.10 (p.44, 48)

Pattern II

베이직 패턴

F
웨이스트 절개 원피스 A

p.18 (p.50, 54)

G
진주 장식 원피스

p.19 (p.50, 54)

H
주머니 달린 앞절개 원피스

p.20 (p.50, 55)

Pattern III

앞가슴 트임 패턴

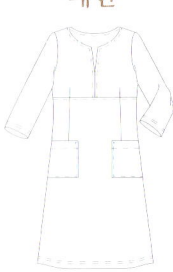

M
앞가슴 트임 반소매 원피스

p.30 (p.57, 61)

N
데님 반소매 원피스

p.31 (p.57, 61)

O
배색 바이어스 절개 원피스

p.32 (p.57, 62)

B
배색 프렌치 원피스

p.11 (p.44, 48)

C
웨이스트 개더 프렌치 원피스

p.12 (p.44, 49)

D
데님 프렌치 원피스

p.13 (p.44, 49)

E
블랙 프렌치 원피스

p.14 (p.44, 49)

I
웨이스트 절개 원피스 B

p.22 (p.50, 54)

J
반소매 주머니 원피스

p.23 (p.50, 55)

K
레이스 튜닉

p.24 (p.50, 56)

L
스캘럽 레이스 원피스

p.26 (p.50, 56)

P
슬리브리스 원피스

p.34 (p.57, 63)

Q
7부 소매 원피스

p.35 (p.57, 63)

기본적인 도구 *p.38*

미싱실과 미싱바늘/원단의 명칭/수잉의 기본 용어
패턴 활용법/재단 방법의 이해 *p.39*

신장에 맞는 패턴 제작법/줄무늬 원단 재단방법 *p.40*

주머니 만드는 방법 *p.41*

5가지의 스트레치 소재 봉제 Tip *p.42*

니트 원단 봉합방법 포인트 *p.43*
원단 선택 시 주의사항 *p.43*

날씬해 보이는 포인트는
계산된 패턴에 있습니다

사람의 몸에서 가장 가는 곳은 손목입니다.
사람의 몸은 중심에서부터 점점 가늘어 집니다.
손목과 발목 그리고 목둘레 등, 목이라는 글자가 붙은 곳은
보이는 모습에 따라 굵어 보이거나 가늘어 보입니다.

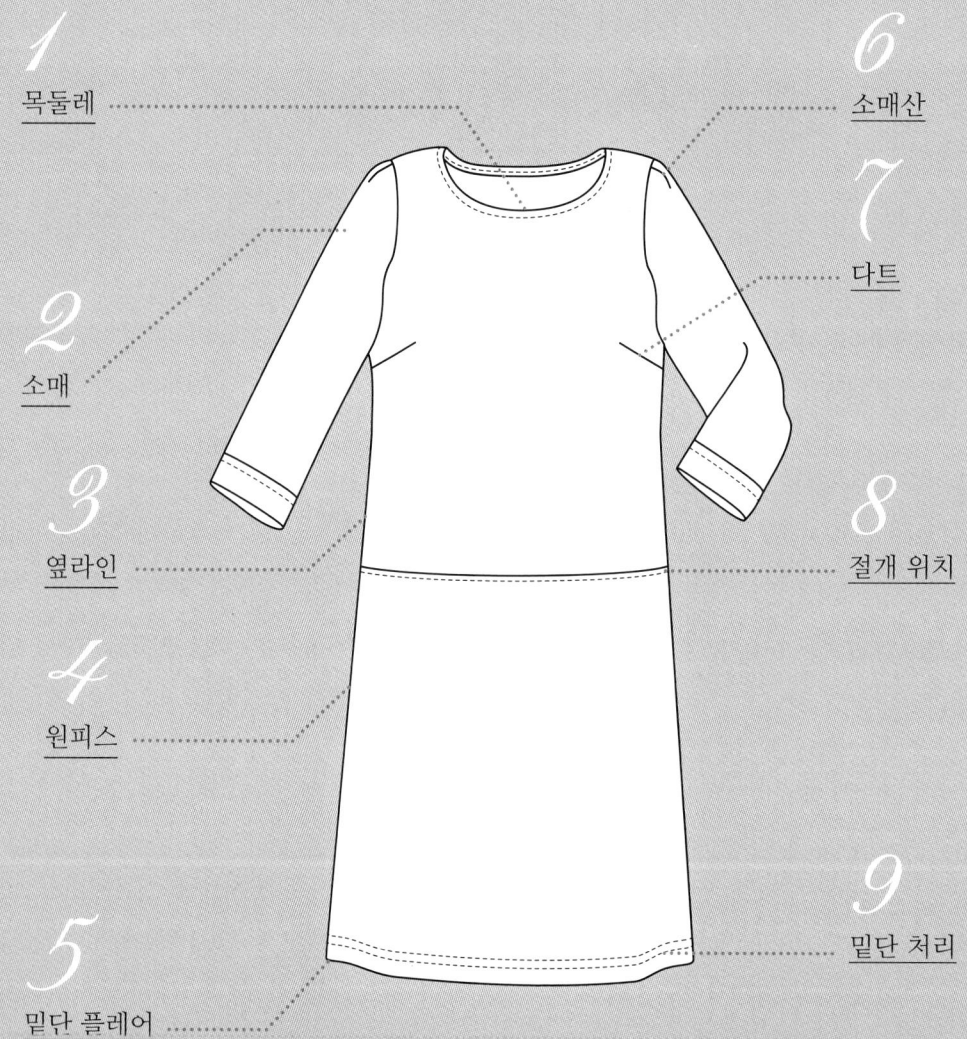

1 목둘레
2 소매
3 옆라인
4 원피스
5 밑단 플레어
6 소매산
7 다트
8 절개 위치
9 밑단 처리

1 목둘레

둥근 보트넥이 쇄골은 더욱 아름답고, 목은 길어 보이게 합니다. 쇄골이 가려지면 목이 짧아 보이기 때문에 쇄골을 적당히 드러내어 목이 길어 보이도록 해줍니다.

2 소매

소매둘레도 중요합니다. 두 팔을 가린다면 팔이 가늘어 보이는 라인으로 잘 가려야 합니다. 길이를 7부로 하면 복사뼈를 향해 가늘어져 가는 소매라인이 팔을 더욱 날씬해 보이게 합니다.

3 옆라인

옆라인은 옷의 생명입니다. 사람의 몸은 유연한 곡선으로 되어 있습니다. 직선이 아닌 약간 들어간 곡선의 옆라인으로 허리가 가늘어 보이기 때문에 옆라인은 매우 중요합니다.

4 원피스

원피스는 엉덩이를 가려줍니다. 신경 쓰이는 곳은 가리고, 가는 곳은 돋보이게 합니다. 한 장만 입어도 숨기고 싶은 곳을 가려주는 것이 원피스의 장점입니다.

5 밑단 플레어

밑단의 자연스러운 퍼짐이 아름답게 보이는 것이 포인트. 밑단이 가라앉은 상태에 따라 옷의 차분함이 달라집니다. 밑단이 너무 퍼져있으면 옷의 사이즈가 크게 보입니다.

6 소매산

소매산 다트는 어깨가 좁아 보이는 소매 절개 위치에 있습니다. 소매산 다트가 있는 소매는 보통 소매보다도 어깨선이 안으로 들어가 어깨가 좁아보입니다.

7 다트

가슴 다트는 비스듬하게 올라가면 가슴 라인이 올라가서 스타일이 예뻐보입니다. 가슴 다트가 일자로 평행하면 가슴이 평평해 보입니다. 또한, 다트가 너무 길면 가슴만 강조되고, 다트의 위치가 낮으면 가슴이 처져 보입니다. 다트의 길이도 적당하고 위치도 비스듬하게 올라가 있으면 가슴라인이 업되어 보입니다.

8 절개 위치

절개 위치도 중요합니다. 절개 위치가 너무 내려가면 상체가 길어보이고, 너무 올라가면 세련된 느낌이 덜해집니다. 스타일이 좋아 보이는 절개 위치는 허리선 위쪽입니다. 절개 위치와 스커트 길이를 원하는 대로 조절할 수 있는 것도 핸드메이드의 매력입니다.

9 밑단 처리

소매나 밑단 처리는 먼저, 오버록 처리를 하고, 2줄 상침을 하면 올이 풀리지 않습니다. 이렇게 처리하는 것만으로도 한층 깔끔하고 완성도가 더욱 높아집니다.

Pattern I

프렌치 슬리브 패턴

프렌치 슬리브는 소매를 따로 달아줄 필요가 없기 때문에
간단하게 완성할 수 있어서 편리합니다.
심플하기 때문에 패턴 그 자체로도 매력적입니다.

Pattern I
A

A 프렌치 원피스
How to make _ P.44, 48

상체 맨 위쪽의 원단을 바꾸는 것만으로도 얼굴 쪽으로 시선이 가고, 한층 세련된 스타일이 완성됩니다. 스트라이프 무늬의 신축성 있는 소재로 만들면 일상복으로 즐겨 입기 좋습니다.

실물크기 패턴 Ⓐ

Pattern

I

B

B 배색 프렌치 원피스

How to make _ P.44, 48

화이트와 블랙컬러를 배색해서 만들었기 때문에 심플한 프렌치 슬리브에 멋스러움을 더해줍니다. 격식 있는 자리나 일상에서 캐주얼하게 입어도 좋은 원피스입니다.

실물크기 패턴 Ⓐ

Pattern I
c

C 웨이스트 개더 프렌치 원피스

How to make _ P.44, 49

부드러운 원단으로 허리 부분에 고무줄을 달아 볼륨감을 주면 발랄하고 날씬해 보이는 효과를 줍니다. 길이를 짧게해서 튜닉 스타일로도 연출할 수 있습니다.

실물크기 패턴 Ⓐ

Pattern I
E

E 블랙 프렌치 원피스
How to make _ P. 44, 49

소품이나 액세서리에 따라 다양한 스타일로 연출할 수 있는 블랙 원피스입니다. 목과 어깨라인이 예쁜 디자인으로 여성스럽고 어느 곳에서나 입을 수 있어 활용하기 좋은 원피스입니다.

실물크기 패턴 A

스타일링 방법

올 블랙에 소품으로 포인트를 주어 연출.

캐주얼한 스타일로 연출.

구두로 포인트를 주어 여성스럽게 연출.

Pattern II

베이직 패턴

하나의 패턴을 가지고 마음에 드는 여러가지
원단으로 만들어 다양하게 연출할 수 있는 것이
핸드메이드의 장점입니다.
베이직한 스타일이기 때문에 소재나 절개 위치,
길이 등을 변형하여 다양한 스타일의 옷을
만들 수 있습니다.

Pattern II
F

F 웨이스트 절개 원피스 A

How to make __ P.50, 54

스커트 부분은 조금 두껍고 신축성 있는 소재로 만들면 톡톡하기 때문에 안감을 달지 않아도 됩니다. 스트라이프 무늬의 원단으로 만들어 경쾌한 분위기의 일상복으로 즐겨보세요.

실물크기 패턴 B D

Pattern
II
G

G 진주 장식 원피스

How to make _ P.50, 54

심플한 스타일의 원피스에 진주 등으로 장식을 달아 포인트를 주면 액세서리 없이도 여성스러운 원피스가 완성됩니다.

실물크기 패턴 ❽ ❿

Pattern II
H

H 주머니 달린 앞절개 원피스
How to make _ P.50, 55

베이직한 원피스를 앞중심에서 절개하여 스티치 장식을 하면 세로로 길게 라인이 생겨 더욱 날씬한 느낌을 줍니다. 주머니를 달아주면 캐주얼한 느낌이 더해집니다.

실물크기 패턴 ⒷⒹ

l 웨이스트 절개 원피스 B
How to make _ P.50, 54

상의와 스커트의 원단을 다르게 하여, 스커트를 트위드 소재로 만들면 외출복으로도 입기 좋습니다. 상의는 신축성 있는 원단으로 만들어 깔끔하면서도 활동성 좋은 원피스로 완성해보세요.

실물크기 패턴 **B D**

J 반소매 주머니 원피스
How to make _ P.50, 55

창틀같은 격자 무늬의 윈도페인 체크는 심플하고 매력적인 느낌을 줍니다. 일상복 또는 모임에서도 예쁘게 입을 수 있는 원피스입니다.

실물크기 패턴 B D

Pattern
J

Pattern II
K

K 레이스 튜닉

How to make _ P.50, 56

베이직 원피스의 길이를 짧게하여 튜닉으로 만들었습니다. 비쳐 보이는 레이스 소재를 사용하여 몸판은 2장으로 겹쳐서 만들고 소매는 1장으로 만들어 소매 안이 비쳐 보이도록 연출해보세요.

실물크기 패턴 **BD**

Pattern II
L

L 스캘럽 레이스 원피스

How to make _P.50, 56

밑단 부분은 스캘럽 라인으로 만들었기 때문에 밑단을 따로 처리하지 않아도 됩니다. 가벼운 외출 등의 캐주얼한 스타일로 연출해보세요.

실물크기 패턴 B

Pattern III

앞가슴 트임 패턴

앞가슴 트임과 세로 다트가
더욱 날씬해 보이도록 해줍니다.
난이도가 있지만,
한 번쯤 만들어보면 좋을 디자인입니다.

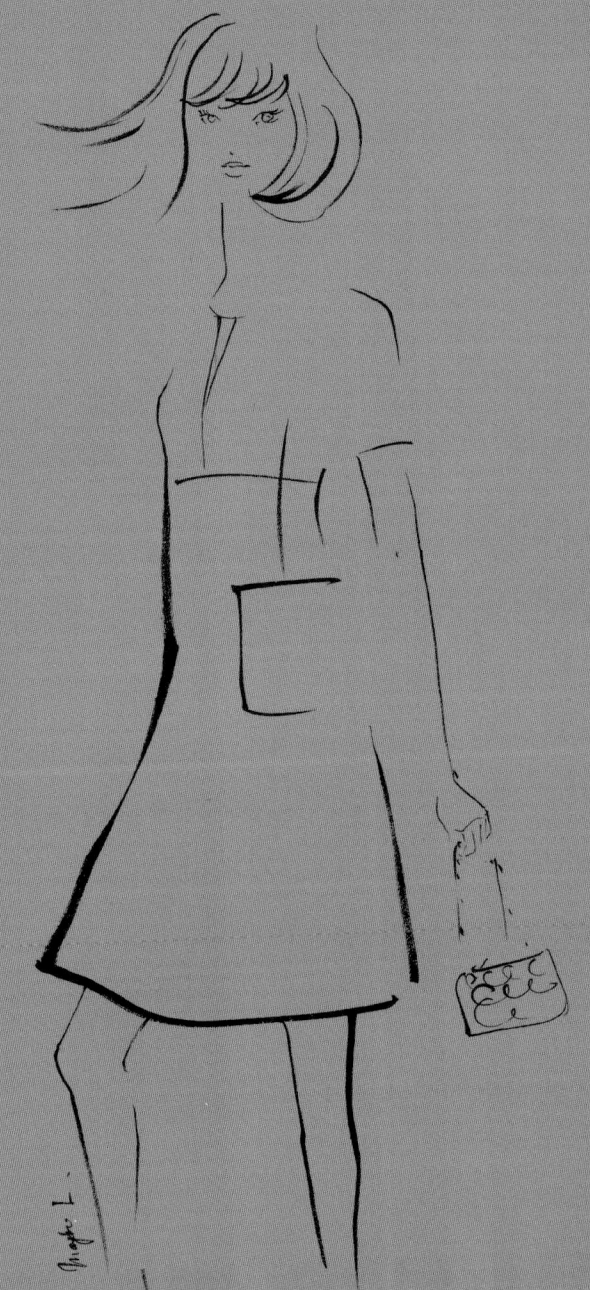

Pattern III
M

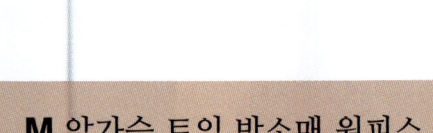

M 앞가슴 트임 반소매 원피스

How to make _ P.57, 61

예쁜 색상의 단색 원단으로 만들면 더욱 멋스럽습니다. 앞가슴 트임과 날씬해 보이는 실루엣이 얼굴을 한층 돋보이게 합니다.

실물크기 패턴 C D

N 데님 반소매 원피스

How to make __P.57, 61

데님 원단으로 만들면 깔끔하면서도 캐주얼한 스타일로 연출할 수 있습니다. 데님은 입을수록 편안한 착용감을 주어 일상복으로 입기 좋은 아이템입니다.

실물크기 패턴 **CD**

Pattern
III
N

Pattern
III
o

o 배색 바이어스 절개 원피스

How to make _ P.57, 62

몸판과 바이어스천의 색상을 바꿔 베이지&블랙의 컬러를 조합하면 고급스러운 스타일이 연출됩니다. 컬러를 바꿔 베이지의 몸판에 블랙을 매치하는 것도 추천합니다.

실물크기 패턴 **C D**

Pattern

III

Q

Q 7부 소매 원피스

How to make _ P.57, 63

블루 컬러의 원단을 사용한 7부 소매 원피스는 퍼 장식과 함께 스타일링하면 더욱 돋보입니다.

실물크기 패턴 **C D**

사이즈 고르는 방법

실물크기 패턴은 S, M, L, LL, 3L의 5사이즈가 있습니다. 사이즈표에 있는 치수를 참고하여 자신에게 맞는 사이즈를 고릅니다. 치수가 애매할 경우에는 딱 맞게 입고 싶다면 더 작은 사이즈를 고르고, 여유있게 입고 싶다면 더 큰 사이즈를 고릅니다. 가지고 있는 옷에 맞춰 사이즈를 고르고, 자신의 신장에 맞게 길이를 조절해주세요.

사이즈표 (단위:cm)

사이즈	명칭	S	M	L	LL	3L
신체 치수	가슴둘레	79	83	87	91	95
	엉덩이둘레	88	92	96	100	104
	신장	150~	160~	165~	170~	175

How to make

자신에게 딱 맞고, 어울리는 옷을 찾는 것은
쉽지 않은 일입니다.
내 몸에 꼭 맞고, 날씬해 보이면서
그 자체로도 빛나 보이는 옷.
핸드메이드로 나만을 위한 옷을 만들어보세요.

기초 부자재

a 방안자
방안 라인으로 평행선을 그릴 수 있어 편리합니다.

b 핀쿠션
작업 중에 필요한 시침핀 등을 꽂아두고 사용합니다.

c 시침핀
원단이 어긋나지 않도록 시침핀으로 고정합니다.

d 줄자
치수나 곡선의 길이를 재는데 사용합니다.

e 쪽가위
실을 자르는데 사용합니다.

f 재단 가위
원단 이외의 것을 자르면 날이 무뎌지기 때문에 반드시 원단 전용으로 사용합니다.

g 바이어스테이프
양면 타입으로 칼라둘레나 소매둘레, 파이핑 처리 시 사용합니다.

h 열접착 양면테이프
원단이 어긋나지 않도록 고정하는데 사용합니다.

i 초크페이퍼
원단에 패턴을 베끼거나, 시접을 줄 때 사용합니다. 세탁하면 지워집니다.

j 니트용 미싱실
나일론 100%로 스트레치성이 높은 실

k 자
작은 사이즈는 시접의 폭을 재는데 편리합니다.

l 펜초크
표시주기에 사용합니다. 연필과 사인펜 타입이 있으며, 수성용입니다.

m 룰렛
초크페이퍼로 표시를 줄 때 사용합니다.

n 송곳
모서리를 정리하거나, 바늘땀을 뜯을 때 사용합니다.

미싱실과 미싱바늘

얇은 원단　　　90수 실/9호 바늘
보통 두께의 원단　60수, 50수 실/11호 바늘
보통~두꺼운 원단　30수 실/14호 바늘
데님 등 두꺼운 원단　20수 실/16호 바늘

원단의 명칭

원단폭　원단 푸서 방향의 셀비지에서 셀비지까지의 너비.
셀비지　짜여진 실이 접혀있는 양 끝.
식서　셀비지와 평행한 올방향으로, 재단배치도에 화살표로 나타내고 있다.
푸서　셀비지에 대하여 직각인 올방향.
바이어스　식서 방향의 45도 각도로, 늘어나기 쉽다.

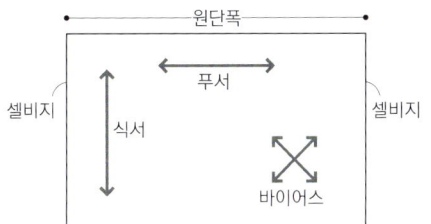

패턴 활용법

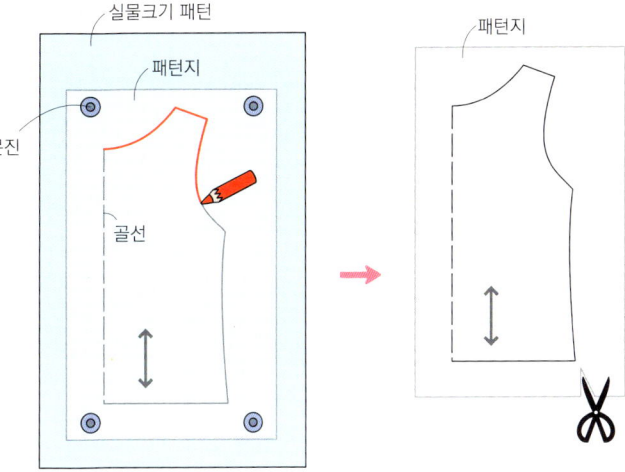

❶ 실물크기 패턴 위에 패턴지를 올리고, 문진으로 움직이지 않도록 고정한 후, 연필로 베낀다. [골선]과 [올방향선], [맞춤점]등도 잊지 않고 표시한다.

❷ 패턴을 떼어내고, 베낀 패턴지를 완성선에 맞춰 가위로 자른다.

재단 방법의 이해

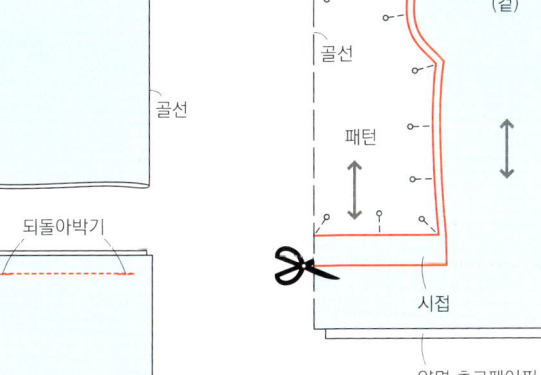

재단 배치도를 참고하여 원단을 안끼리 맞대어 패턴을 놓고, 원단 사이에 양면 초크페이퍼를 끼운 다음, 완성선과 지정된 시접의 표시를 주어 재단한다.

소잉의 기본 용어

골선
원단을 반으로 접어 생기는 부분은 [골선]이라고 한다.

봉합 시작, 봉합 끝
봉합의 시작과 끝은 올이 풀리지 않도록 2~3땀 정도 겹쳐서 되돌아박기한다.

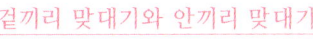

겉끼리 맞대기와 안끼리 맞대기
원단의 겉과 겉을 마주보게 겹치는 것을 [겉끼리 맞댄다]라고 하고, 안과 안을 마주보게 겹치는 것을 [안끼리 맞댄다]라고 한다.

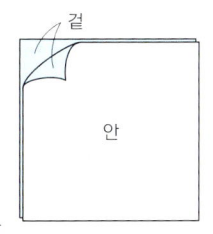
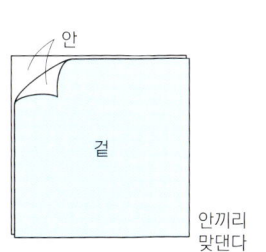

39

신장에 맞는 패턴 제작법

가슴, 엉덩이 사이즈에 맞춰 패턴 사이즈를 고르면 길이가 맞지 않는 경우가 있습니다.
그때는 몸판의 허리라인, 스커트의 밑단라인, 소매의 소맷부리쪽의 라인만 키에 맞춘 사이즈선을 이용합니다.

L사이즈
신장 150~160cm인 경우

- 옆선은 L의 선
- 앞스커트
- 밑단은 S의 선
- S(신장150~160)
- 밑단선을 늘린다
- M(신장160~165)
- L·LL(신장165~170)

* 다른 패턴도 같은 방법으로 한다

M사이즈
신장 165~170cm인 경우

- 옆선은 M의 선
- 앞스커트
- M(신장160~165)
- S(신장150~160)
- 옆선을 연장
- 밑단은 L·LL의 선
- L·LL(신장 165~170)

* 다른 패턴도 같은 방법으로 한다

줄무늬 원단 재단방법

앞뒤의 옆선과 소매아래에서
앞몸판과 뒷몸판은 다트로 줄무늬를 맞춘다.

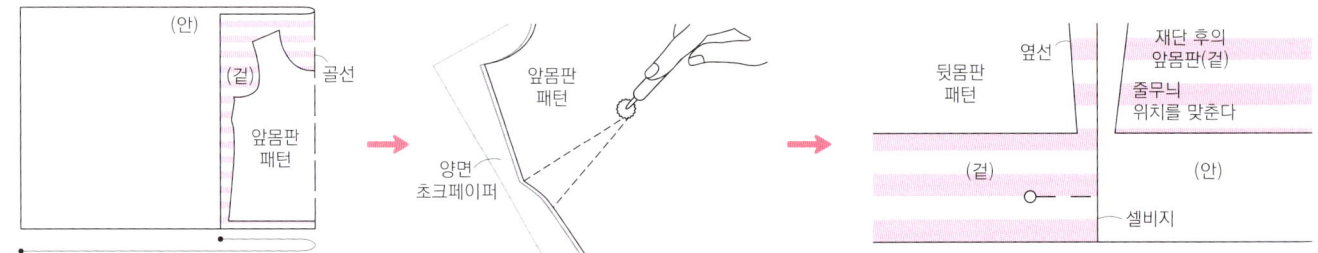

❶ 줄무늬 원단의 한쪽 끝을 앞몸판 패턴의 폭에 맞춰 안끼리 맞대어 접는다. 이때, 겹친 2장의 원단의 줄무늬 위치를 맞추고, 움직이지 않도록 시침핀으로 고정한 후, 오른쪽 끝의 골선에 앞중심을 맞추고 앞몸판 패턴을 올려 놓는다.

❷ 앞몸판을 재단할 위치가 정해지면 패턴에 맞춰 원단을 자른다. 안끼리 맞대어져 있는 원단 사이에 양면 초크페이퍼를 끼우고, 룰렛으로 다트를 따라 표시한다. 또한, 맞춤점은 원단 끝에 작게 가윗집을 주어 표시하지만, 다트와 마찬가지로 양면 초크페이퍼로 표시를 주어도 좋다.

❸ 뒷몸판을 재단한다. 줄무늬 원단의 반대쪽 끝을 앞몸판과 마찬가지로 뒷몸판의 폭에 맞춰 안끼리 맞대어 접고, 재단배치도를 참고하여 패턴을 놓는다. 이때, 재단한 앞몸판을 가로로 놓고, 줄무늬 위치를 맞춰 패턴의 위치를 결정하고 재단한다. (앞몸판 다트 아래에서 밑단이 맞도록)

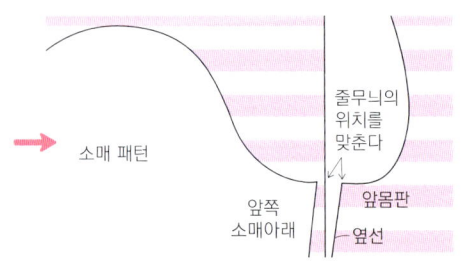
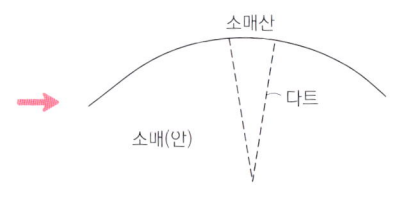

❹ 원단의 남은 부분으로 소매를 1장씩 재단한다.(재단배치도 참고) 이때, 앞몸판을 옆으로 놓고 앞몸판의 옆선과 소매아래의 위치를 맞춰 재단한다.

❺ 소매는 소매산의 다트 위치에 표시를 해둔다.

❻ 재단한 앞몸판, 뒷몸판, 소매, 앞몸판 다트 아래와 뒷몸판의 줄무늬, 소매아래의 줄무늬 위치가 맞다.

주머니 만드는 방법

주머니 아래가 곡선인 경우

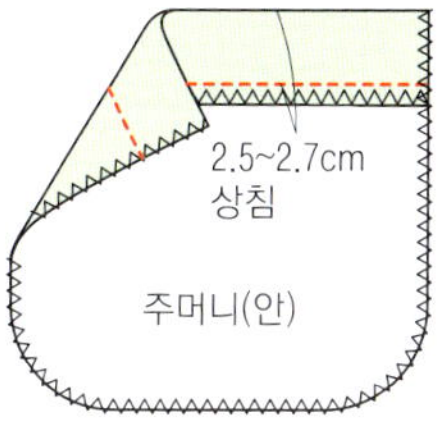

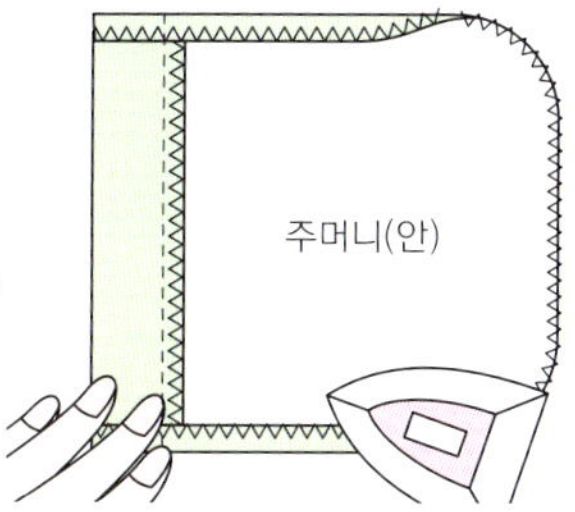

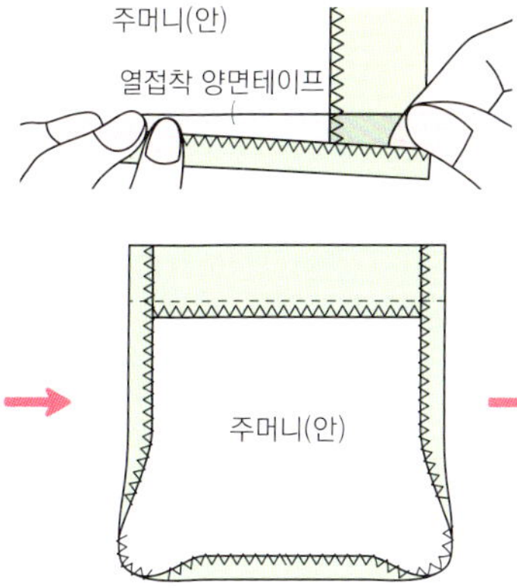

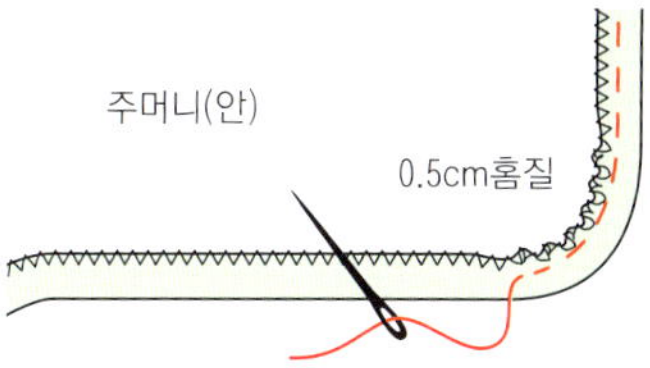

❶ 주머니 입구의 시접을 안쪽으로 접고, 상침한다.

❷ 주머니 입구를 제외한 나머지 세 변의 시접을 안쪽으로 접는다.

❸ 열접착 양면테이프를 약 8~9cm로 자르고, ❷에서 접은 시접과 주머니 사이에 끼운 다음, 다림질하여 시접을 붙인다.

❹ 주머니 아래쪽 곡선 부분에 홈질한다.

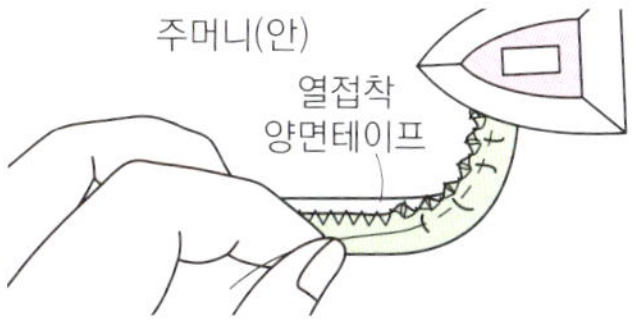

❺ 홈질한 실을 잡아당겨 둥글게 만들고, 곡선 부분에도 양면테이프를 끼워 둥글기를 정리해가면서 다림질한다.

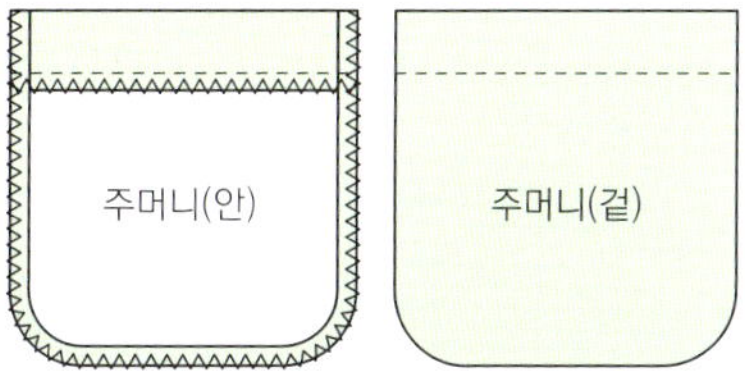

❻ 주머니는 2개 만든다.

주머니 아래가 직각인 경우

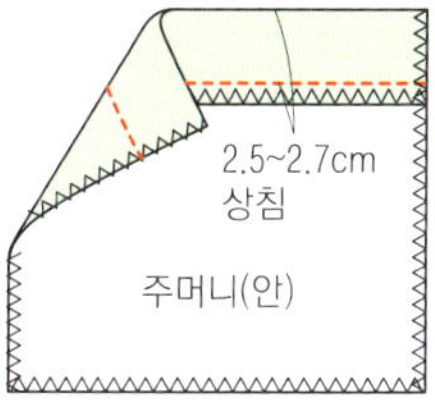

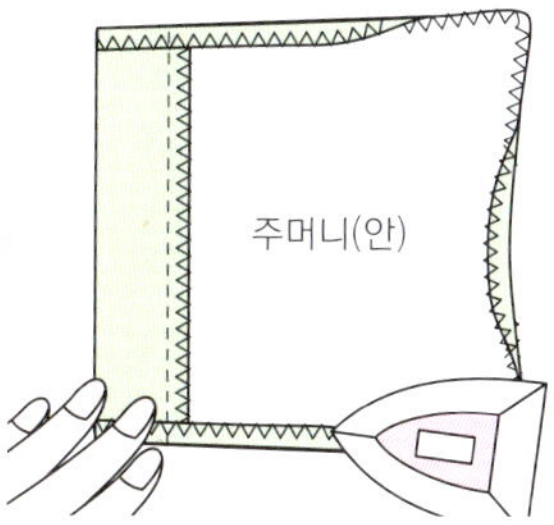

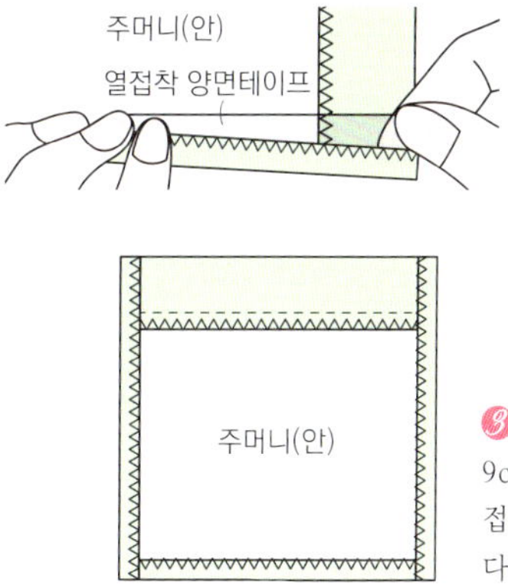

❶ 주머니 입구의 시접을 안쪽으로 접고, 상침한다.

❷ 주머니 입구를 제외한 나머지 세 변의 시접을 안쪽으로 접는다.

❸ 열접착 양면테이프를 약 8~9cm로 자르고, ❷에서 접은 시접과 주머니 사이에 끼운 다음, 다림질하여 시접을 붙인다.

박스 포켓의 경우

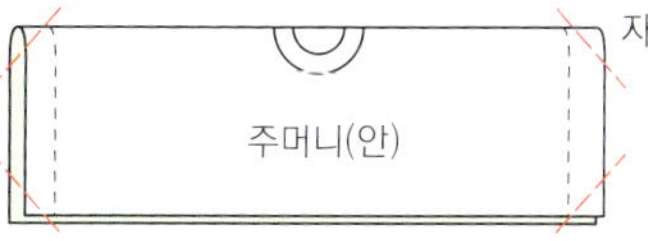

❶ 박스 포켓을 겉끼리 맞대어 반으로 접고, 옆선을 봉합한 후, 모서리 부분을 자른다.

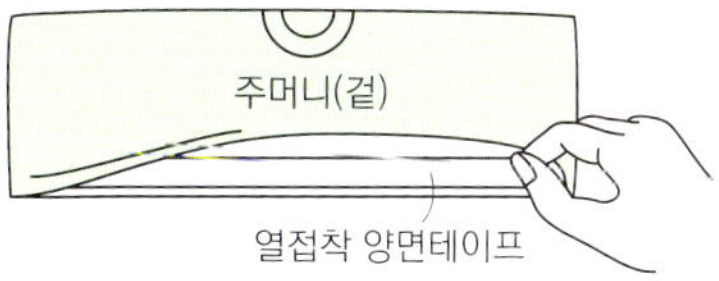

❷ 겉으로 뒤집어 시접을 안쪽으로 접고, 다리미로 모양을 정리한 후, 열접착 양면테이프로 주머니 아래를 임시고정한다.

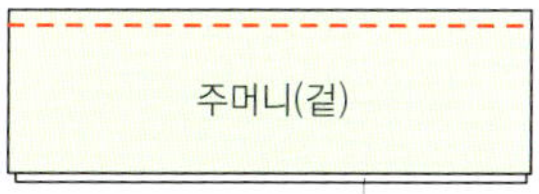

❸ 주머니 입구를 상침(끝에서 1~2cm정도 띄워 스티치)한다.

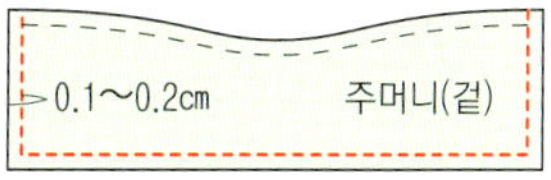

❹ 겉몸판의 주머니 위치에 열접착 양면테이프로 임시 고정하여 주머니 입구를 제외한 나머지 세 변에 상침한다.

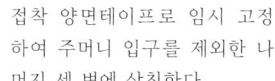

5 가지의 스트레치 소재 봉제 Tip

만든 후 집에서 세탁할 수 있고, 다림질 없이도 바로 입을 수 있는 옷을 만드는 것을 추천합니다.
세탁할 수 있고 다림질이 불필요한 것이란? 폴리에스테르나 레이온 소재에 폴리우레탄이 1%라도 들어있고,
신축성이 있는 혼방소재가 가장 좋습니다. 세탁 후에 다림질을 하지 않아도 되고, 재단한 후에도 올이 풀리지 않으며
원단 끝이 말리지 않고 봉합하기 편한 초보자용 원단입니다.

Point 1  다림질 자주 하기

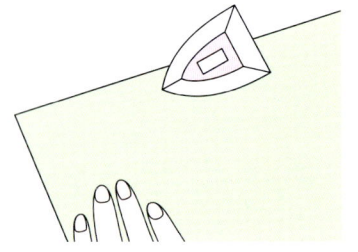

봉제는 소재를 가리지 않고 다림질이 중요합니다. 더욱 깔끔하게 완성하기 위해 다리미를 항상 옆에 두고 만드는 과정미다 다림질을 해줍니다.

Point 2  2줄 상침하기

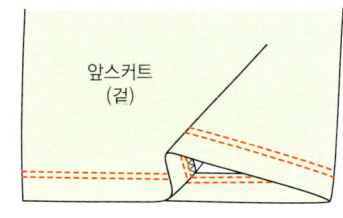

신축성 있는 원단은 스커트의 밑단 등을 손바느질로 감치면 풀어지기 쉽지만, 2줄 상침을 하면 더욱 튼튼하고 깔끔하게 완성됩니다.

Point 3  편리한 부자재 활용하기

바이어스테이프

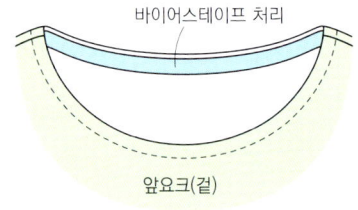

목둘레나 소매둘레를 처리할 때 바이어스테이프를 사용합니다. 많이 두꺼워지지 않아 깔끔하며, 원단의 늘어남을 방지해줍니다.

열접착 양면테이프

주머니를 만들거나 몸판에 달 때, 옷깃둘레 바인더를 달 때, 밑단의 시접을 상침할 때. 움직여서 봉합하기 힘든 곳은 열접착 양면테이프를 이용하여 다림질로 접착해 임시고정한 후 봉합해주면 간단하고 깔끔하게 완성됩니다.

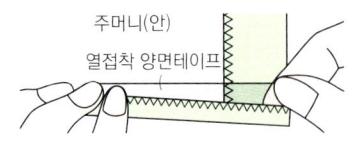

Point 4  니트용 미싱실로 봉합하기

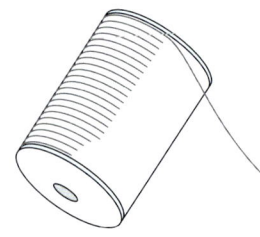

신축성이 있는 원단일 때는 폴리에스테르 일반실보다 니트용 실을 추천합니다. 밑단둘레 등 움직임이 많은 부분이라도 실이 끊어지지 않습니다. 신축성이 없는 원단으로 만든다면 일반실을 사용해주세요.

Point 5 다트와 맞춤점은 잊지말고 표시한다

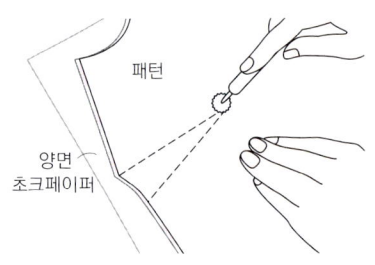

다트와 맞춤점을 잊지 않고 정확하게 표시해두면 맞추기 쉽고 봉합하기가 훨씬 수월해집니다.

니트 원단 봉합방법 포인트

신축성 있는 소재 중에서도 T셔츠 등에 자주 사용되고 있는 니트 원단은 원단 끝이 둥글게 말리기 때문에 봉합할 때 아래와 같은 방법으로 합니다.

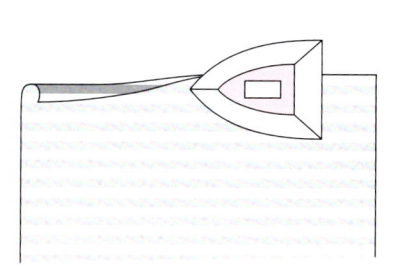 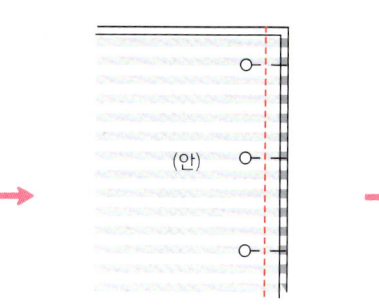 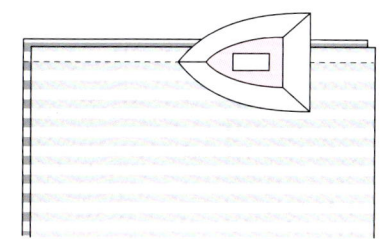

❶ 끝이 둥글게 말린 상태에서는 정확하게 봉합할 수 없기 때문에 우선, 다리미로 원단의 끝을 꾹꾹 눌러가며 가능한 평평하게 한다.

❷ 봉합할 원단 2장을 겉끼리 맞대어 시침핀으로 고정하고, 원단 끝을 평평하게 정리하면서 봉합한다.

❸ 봉합이 끝나면 다시 한 번 바늘땀 위로 다림질하여 정리한다.

원단 선택 시 주의사항

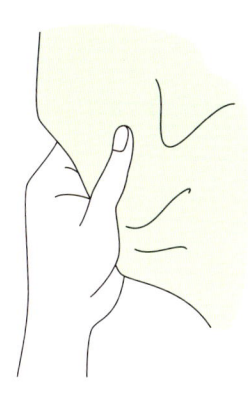

원단을 마구 잡습니다.

마구 잡아서 원단에 주름이 많이 생겼으면, 착용 후에도 주름이 많이 생기는 원단입니다.

주름이 생기지 않고 원래의 원단으로 돌아왔으면, 착용 후에도 주름이 생기지 않고 다림질도 불필요한 원단입니다.

택을 보고 폴리에스테르나 레이온 또는 코튼에 혼용률 1%라도 폴리우레탄(PU)이 들어있으면 신축성이 있어서 세탁 후에 따로 다림질하지 않아도 됩니다.

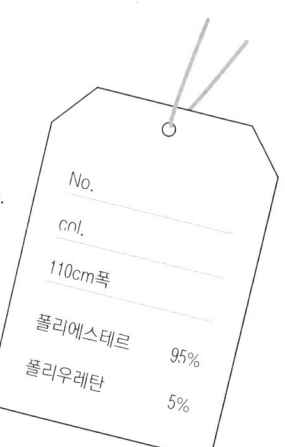

43

Pattern I

프렌치 슬리브 패턴
기본 만드는 방법

[재료] 5사이즈 공통

겉감… 110cm폭의 경우×210cm
(B길이는 +5cm/C길이는 +10cm
130폭의 경우×120cm(S~2L)
×210cm(3L)
(B길이는 +5cm/C길이는 +10cm

실물크기 패턴 Ⓐ

[재단 배치도] *지정 이외의 시접은 1cm

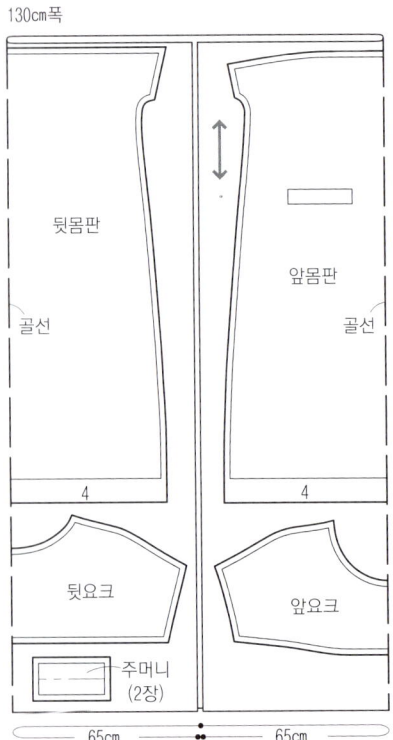

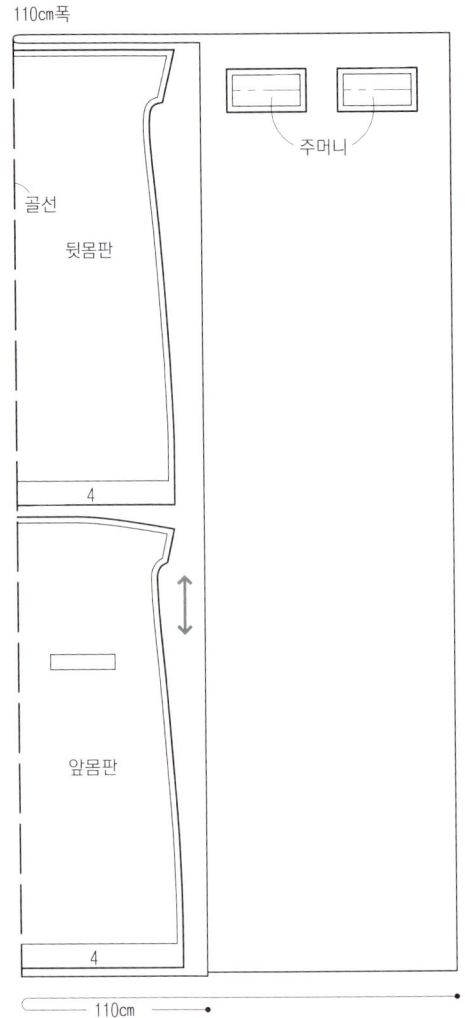

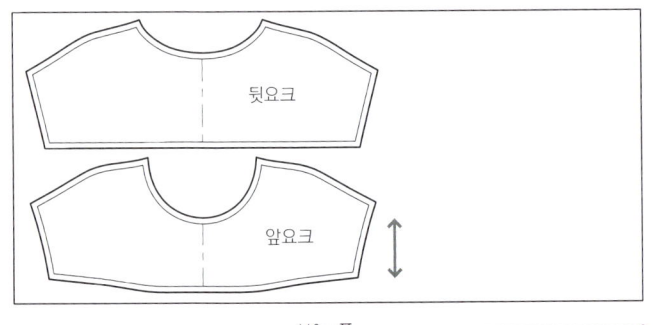

[만드는 순서와 방법]

1. 요크를 단다

1. 앞요크와 앞몸판, 뒷요크와 뒷몸판을 각각 겉끼리 맞대어 봉합한다. 시접은 2장 함께 지그재그봉합 또는 오바록 통솔처리 한다.

2. 시접은 요크 쪽으로 넘겨 다리고, 겉쪽에서 상침한다.

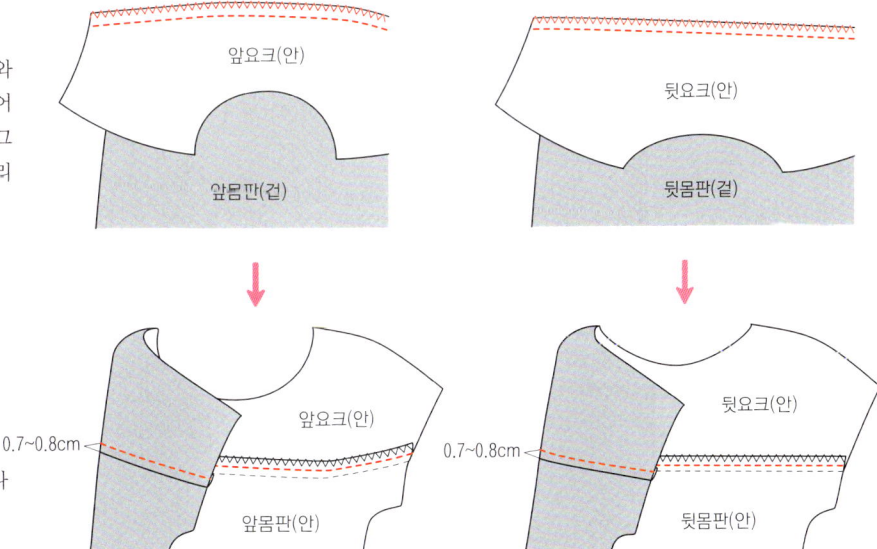

2. 어깨를 봉합한다

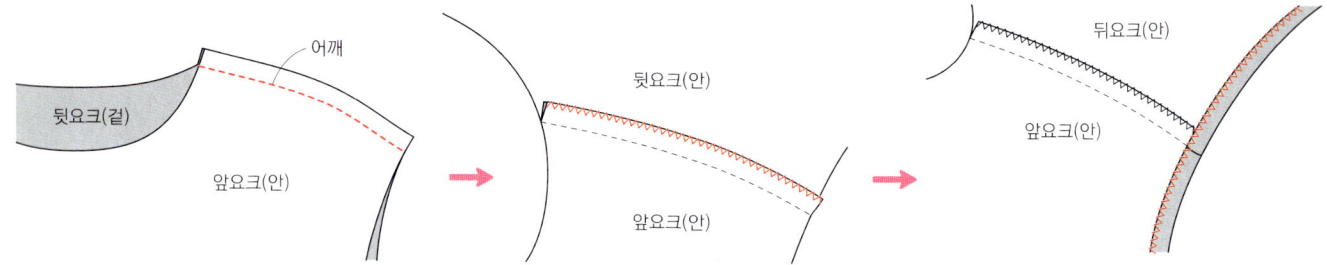

1. 앞요크와 뒷요크의 어깨를 겉끼리 맞대어 봉합한다.

2. 어깨 시접을 2장 함께 지그재그봉합 또는 오버록 통솔처리하고, 뒤쪽으로 넘겨 다려준다.

3. 소맷부리에 지그재그봉제 또는 오버록 처리하고, 몸판 안쪽으로 시접 1cm를 접어 다린다.

3. 몸판의 옆선을 봉합한다

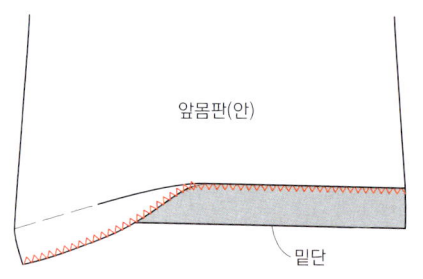

1. 앞·뒤몸판의 밑단에 각각 지그재그봉제 또는 오버록 처리하고, 밑단의 시접을 안쪽으로 접어 다린다.

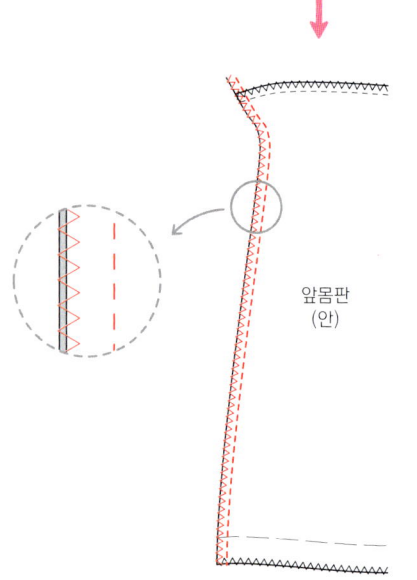

2. 앞·뒤몸판을 겉끼리 맞대고, 밑단의 접음선을 펼쳐 옆선을 봉합한다. 봉합의 시작과 끝에 되돌아박기하고, 시접은 2장 함께 지그재그봉합 또는 오버록 통솔처리한다.

4. 소맷부리를 상침한다

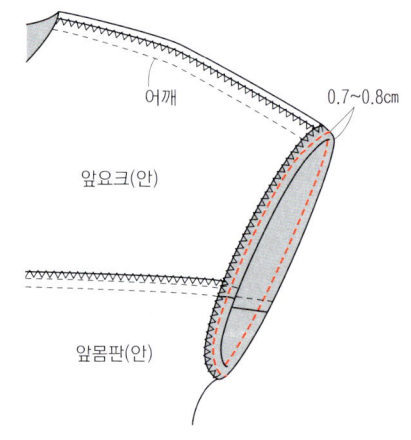

소맷부리의 시접을 다시 한 번 접어 정리하고, 상침한다.

5. 밑단을 상침한다

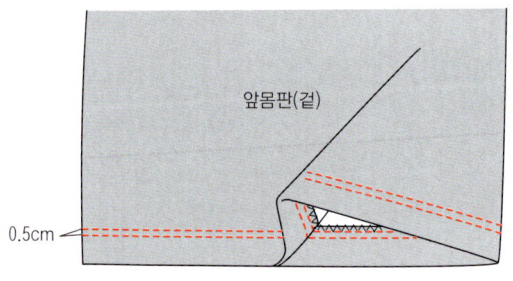

밑단의 시접을 다시 한번 접어 다리고, 2줄 상침한다.
(상침한 곳에서 0.5cm간격으로 한 번 더 상침한다)

6. 목둘레를 봉합한다

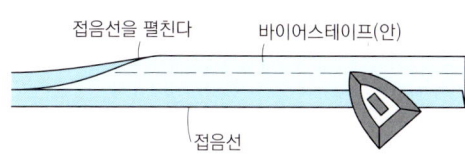
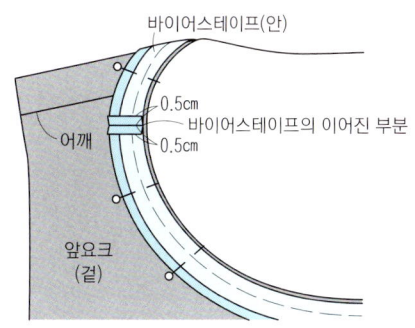

1. 바이어스테이프의 한쪽 접음선을 펼치고, 바이어스테이프를 늘려 가면서 다림질을 한다. 바이어스테이프는 목둘레가 늘어나는 것을 방지하는 역할을 한다.

2. 몸판의 목둘레에 바이어스테이프를 겉끼리 맞대어 시침핀으로 고정한다. 이때, 테이프는 어깨의 2~3cm앞쪽에서부터 목둘레를 따라 한 바퀴 둘러 테이프의 시작과 끝을 맞대어 접고, 이어 붙일 위치를 정한다. 테이프의 이어 붙일 위치에서 바이어스테이프를 겉끼리 맞대어 봉합하고, 시접은 0.5cm로 자른다.

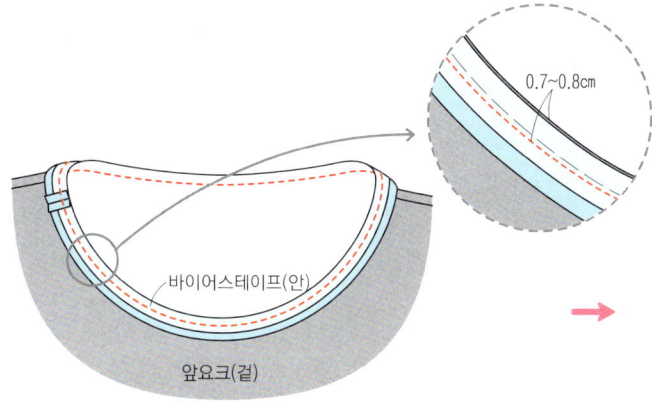
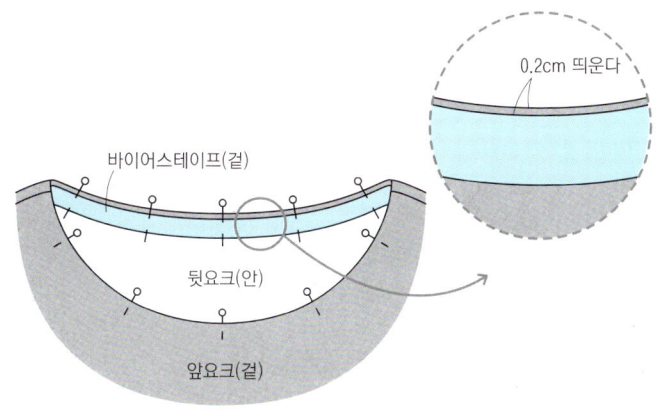

3. 목둘레를 몸판 안쪽에서 0.7~0.8cm간격으로 봉합한다.

4. 바이어스테이프를 몸판의 안쪽으로 넘겨 접은 후, 테이프를 0.2cm정도 띄워 다리미로 다리고, 시침핀으로 고정한다(열접착 양면테이프를 붙여 바이어스테이프를 고정해도 좋다).

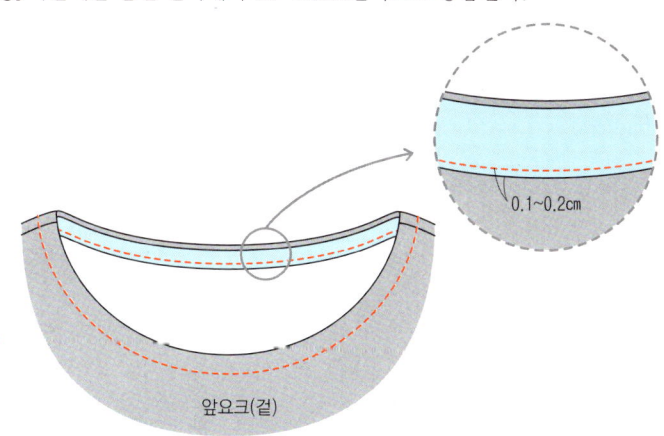

5. 바이어스테이프의 안쪽 끝에서 0.1~0.2cm간격으로 상침한다.

A Photo_P.10
프렌치 원피스

[재료] ※원단의 요척은 p.44 참고
겉감…코튼100% 스트레치 원단 또는 폴리우레탄이 들어간 스트레치 원단
요크 원단…코튼100% 스트레치 원단 또는 폴리우레탄이 들어간 스트레치 원단
바이어스테이프(양면타입)…1.3cm폭×80cm
니트용 미싱실

[만드는 방법 포인트]
몸판의 줄무늬를 요크의 컬러와 배색이 되도록 요크와 몸판의 절개 위치에서 무늬를 맞춰주세요. 봉합방법은 p.44~47참고.

[만드는 순서와 방법]
1. 요크를 단다. → 2. 어깨를 봉합한다. → 3. 몸판의 옆선을 봉합한다. → 4. 소맷부리를 상침한다. → 5. 밑단을 상침한다. → 6. 목둘레를 봉합한다.

B Photo_P.11
배색 프렌치 원피스

[재료] ※원단의 요척은 p.44 참고
겉감…코튼100% 스트레치 원단 또는 폴리우레탄이 들어간 스트레치 원단
배색 원단…코튼100% 스트레치 원단 또는 폴리우레탄이 들어간 스트레치 원단
바이어스테이프(양면타입)…1.3cm폭×80cm
니트용 미싱실
열접착 양면테이프
단추…지름1.5cm 2개

[만드는 방법 포인트]
기본 몸판의 밑단에서 12cm 올라간 곳을 절개하고 요크, 밑단, 주머니를 배색천으로 달아줍니다. ★의 봉합방법 p.44~47참고.

[만드는 순서와 방법]
1. 앞·뒤몸판에 요크 배색천의 시접과 밑단 배색천의 시접을 맞춰 각각 봉합한다. → 2. 각각의 시접에 지그재그봉제 또는 오버록 처리하고 요크쪽, 배색천 쪽으로 시접을 넘긴 다음, 0.5cm간격으로 상침한다. → 3. 주머니를 만들어 몸판에 단다. ※p.41참고. → 4.★어깨를 봉합한다. → 5.★몸판의 옆선을 봉합한다. → 6.★소맷부리를 상침한다. → 7.★밑단을 상침한다.

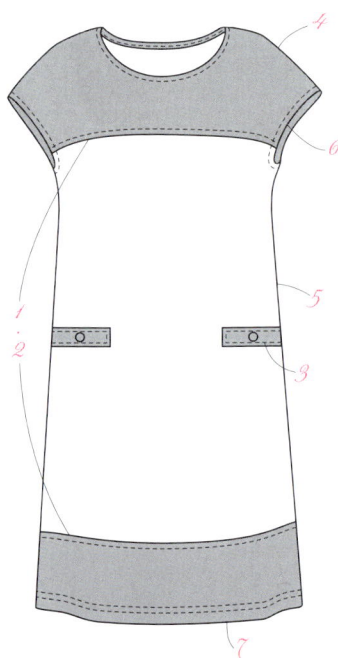

C *Photo_P.12*
웨이스트 개더 프렌치 원피스

[재료] ※원단의 요척은 p.44 참고
겉감…코튼100% 스트레치성 얇은 원단 또는 폴리우레탄이 들어간 스트레치 원단
니트용 미싱실
고무줄…6mm폭×70~80cm(허리둘레에 따라 길이를 조절한다)

[만드는 방법 포인트]
몸판의 옆선을 한쪽만 봉합한 상태에서 고무줄을 늘려가면서 몸판 안쪽에 봉합하여 달아줍니다. 원단이 얇은 경우에는 요크를 2장으로 하면 더욱 안정감 있게 완성됩니다. ★봉합방법은 p.44~47참고.

[만드는 순서와 방법]
1. 앞·뒤요크는 각각 겉과 겉, 안과 안끼리 맞대어 어깨를 봉합한다. → 2. 어깨를 봉합한 요크를 겉끼리 맞대고, 목둘레와 소맷부리를 봉합한 후, 겉으로 뒤집어 다리미로 정리하고 목둘레를 안커버스티치로 마무리한다. (안커버스티치란, 시접을 안쪽으로 넘겨서 상침하여 고정하는 것.) → 3. 몸판과 잇는 시접을 0.7cm로 상침하여 1장으로 만들어 둔다. → 4. 몸판의 소매둘레를 지그재그봉제 또는 오버록 처리하여 몸판 안쪽으로 시접을 1cm 접어 올린다. → 5. ★요크를 단다. → 6. 몸판을 겉끼리 맞대고 한쪽 옆선을 봉합한 후, 70cm+a의 고무줄을 늘려서 요크를 단다. 다른 한쪽의 시접도 맞춰 봉합한다. → 7. ★소맷부리를 상침한다. → 8. ★밑단을 상침한다.

D *Photo_P.13*   E *Photo_P.14*
프렌치 슬리브 원피스

[재료] ※원단의 요척은 p.44 참고
D
겉감…데님 원단
바이어스테이프(양면타입)…1.3cm폭×80cm
폴리에스테르 미싱실 60수
폴리에스테르 미싱실 30수

E
겉감…폴리에스테르 또는 폴리우레탄이 들어간 스트레치 원단
바이어스테이프(양면타입)…1.3cm폭×80cm
니트용 미싱실 50수

[만드는 방법 포인트]
데님 원단의 경우에는 스티지실을 30수로 하고, 흰색이나 빨간색, 갈색 등으로 컬러를 바꾸면 다른 느낌으로 연출됩니다. 봉합방법은 p.44~47참고.

[만드는 순서와 방법]
1. 요크를 단다. → 2. 어깨를 봉합한다. → 3. 몸판의 옆선을 봉합한다. → 4. 소맷부리를 상침한다. → 5. 밑단을 상침한다. → 6. 목둘레를 봉합한다.

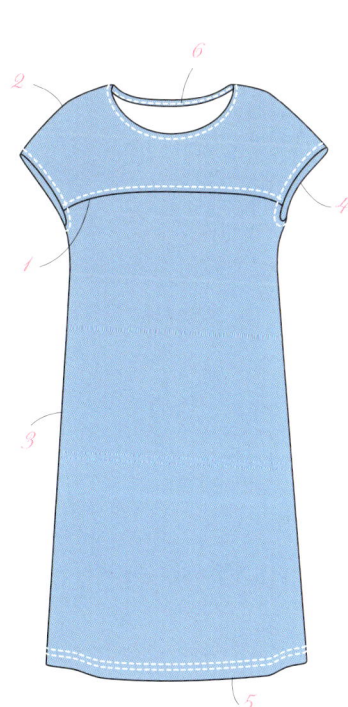

Pattern II

베이직 패턴
기본 만드는 방법

[재료] 5사이즈 공통

겉감…110cm폭의 경우×210cm
　　　130cm폭의 경우×150cm
　　　　　　×130cm(반소매)
　　　(B길이는 +5cm/C길이는 +10cm)
　　※130cm 이상일 경우, 위의 요척으로 사용합니다.

실물크기 패턴 **B D**

[재단 배치도] *지정 이외의 시접은 1cm

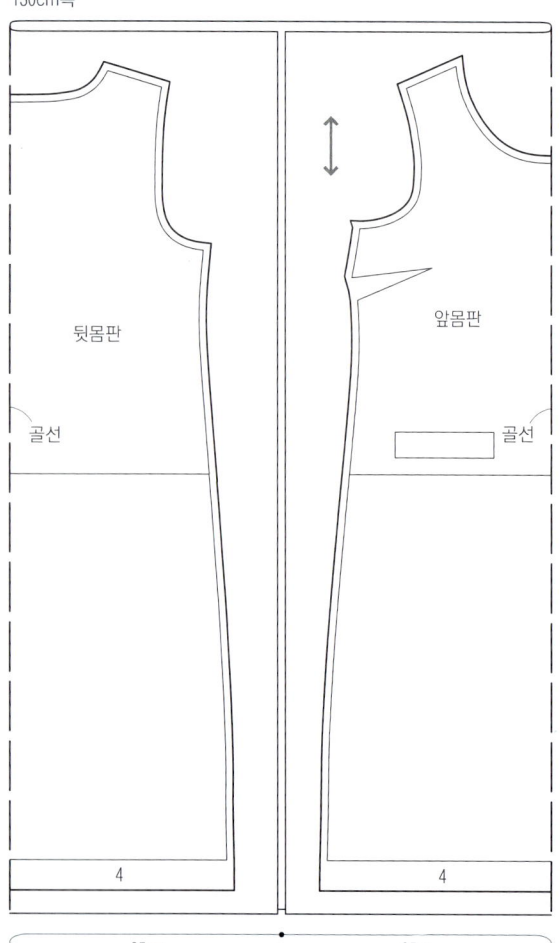

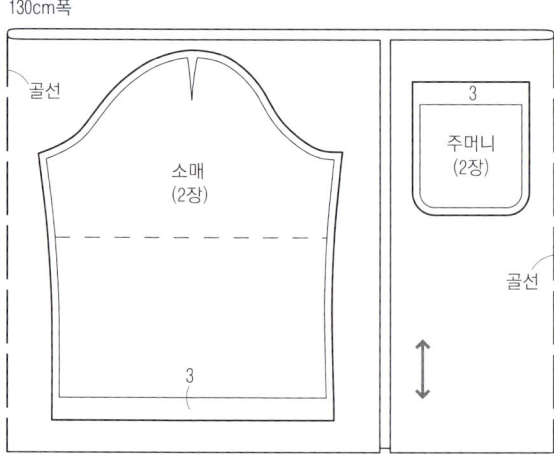

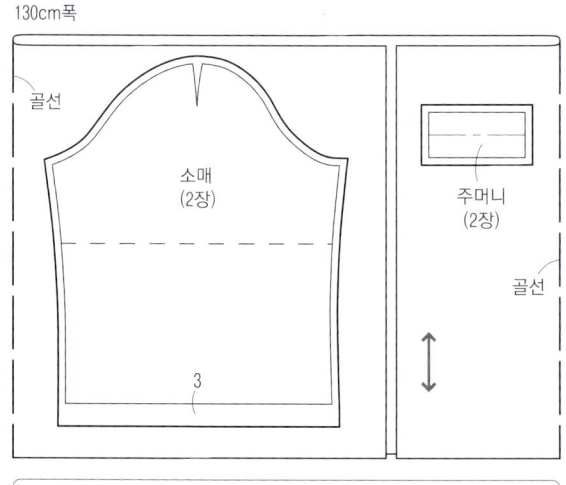

[만드는 순서와 방법]

1. 다트를 봉합한다

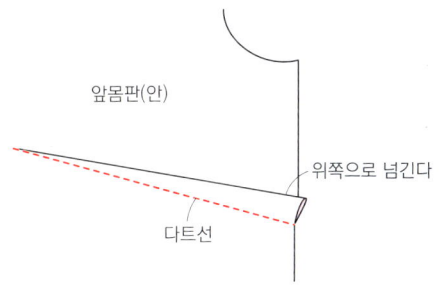

1. 가슴 다트를 봉합하고, 시접을 위쪽으로 넘겨 다린다.
봉합의 시작과 끝은 되돌아박기한다.

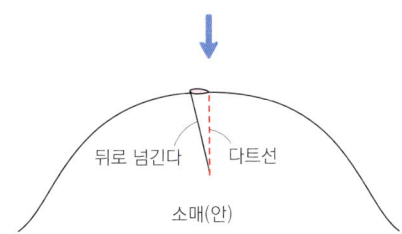

2. 소매산 다트를 봉합하고, 시접을 뒤쪽으로 넘겨 다린다.
봉합의 시작과 끝은 되돌아박기한다.

2. 소맷부리와 밑단을 처리한다

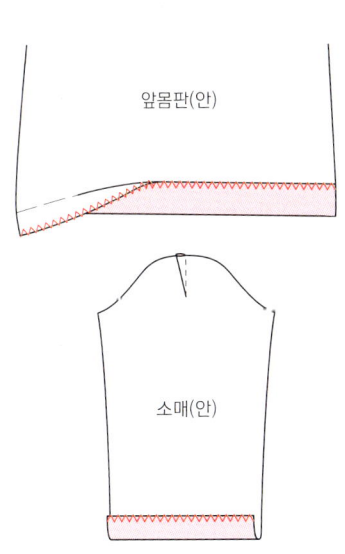

앞·뒤몸판의 밑단, 양쪽 소맷부리에 지그재그봉제 또는
오버록 처리하고, 몸판 안쪽으로 시접을 접어 다린다.

51

3. 어깨를 봉합한다

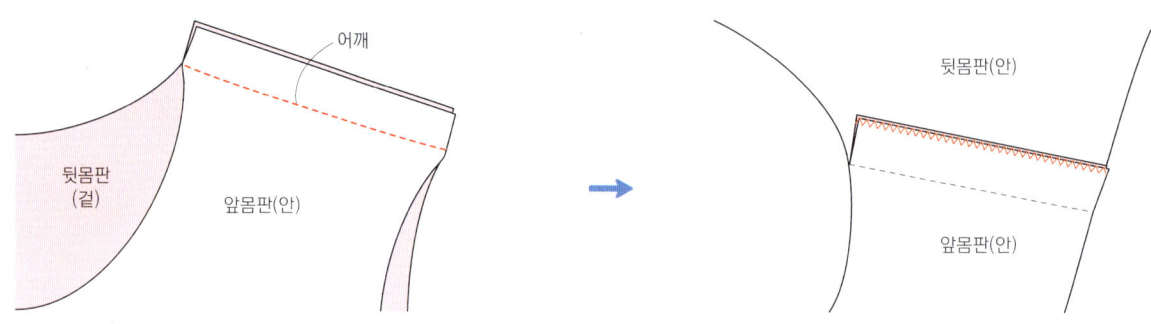

1. 앞·뒷몸판의 어깨를 겉끼리 맞대어 봉합한다.

2. 시접을 2장 함께 지그재그봉합 또는 오버록 통솔처리하고, 뒷몸판 쪽으로 넘겨 다린다.

4. 소매를 단다

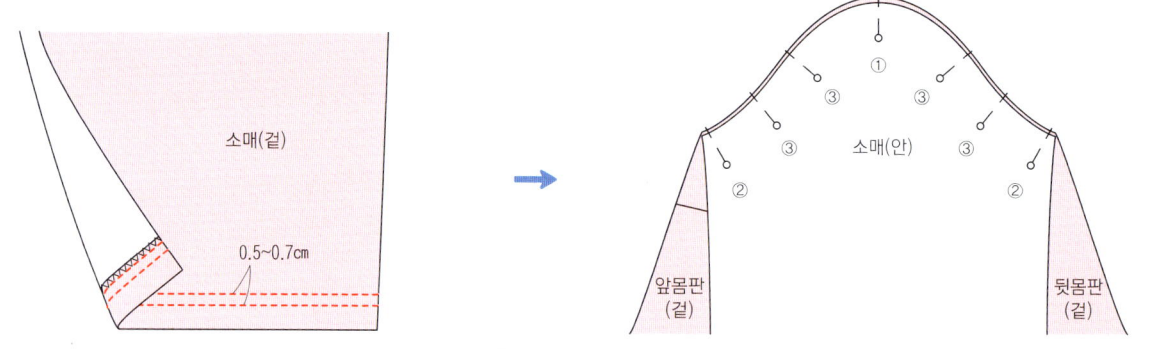

1. 다리미로 시접을 접어 올린 소맷부리에 2줄 상침한다. (상침한 곳에서 0.5~0.7cm 간격으로 한 번 더 상침한다)

2. 몸판의 소매둘레에 소매를 겉끼리 맞대어 시침핀으로 고정한다. 몸판의 어깨와 소매산(①), 몸판의 옆선과 소매아래(②), 사이의 맞춤점(③) 순으로 고정하고, 시침핀 사이를 한 번 더 고정한다.

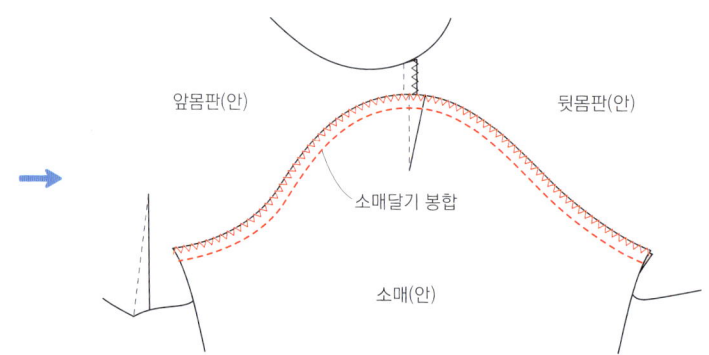

3. 몸판에 소매를 단다. 시접은 2장 함께 지그재그봉합 또는 오버록 통솔처리하고, 소매쪽으로 넘긴다.

5. 몸판의 옆선을 봉합한다

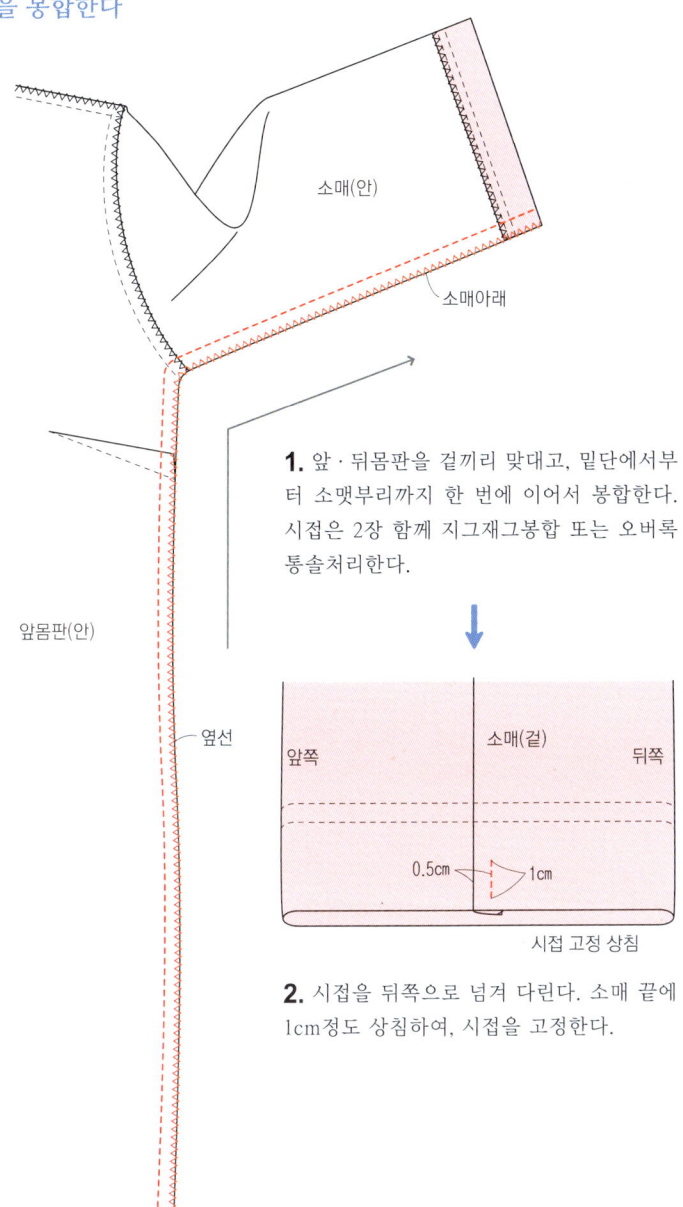

1. 앞·뒤몸판을 겉끼리 맞대고, 밑단에서부터 소맷부리까지 한 번에 이어서 봉합한다. 시접은 2장 함께 지그재그봉합 또는 오버록 통솔처리한다.

2. 시접을 뒤쪽으로 넘겨 다린다. 소매 끝에 1cm정도 상침하여, 시접을 고정한다.

6. 밑단을 상침한다

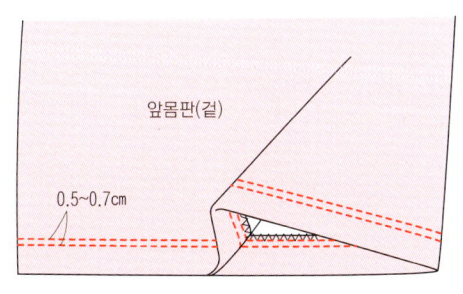

밑단의 시접을 다시 한 번 접어 정리하고, 2줄 상침한다.

7. 목둘레를 봉합한다

※ p.47의 **6** 참고.

F *Photo_P.18*　　**I** *Photo_P.22*

웨이스트 절개 원피스

[재료] ※원단의 요척은 p.50 참고

F
겉감A…줄무늬 니트 원단 163cm폭×S·M 70cm, L 80cm, LL 90cm
겉감B…폴리우레탄이 들어간 스트레치 원단 150cm폭×S·M 60cm, L·LL 70cm
바이어스테이프(양면타입)…1.3cm폭×80cm
니트용 미싱실…겉감A, B에 맞춰 2가지 색상

I
겉감A…폴리우레탄이 들어간 스트레치 원단
겉감B…라메가 들어간 트위드 원단(트위드 원단은 시접에 접착테이프를 붙인다)
바이어스테이프(양면타입)…1.3cm폭×80cm
접착테이프…1.2cm폭×270cm, 니트용 미싱실 50수

[만드는 방법 포인트]
기본 몸판을 허리 부분에서 절개하고, 커프스와 스커트에 겉감B를 사용합니다. 상의를 봉합한 다음, 스커트를 봉합하고 상의와 맞춰 봉합합니다. ★의 봉합방법은 p.50~53참고.

[만드는 순서와 방법]
1.★다트를 봉합한다. → 2.소맷부리 커프스와 소매를 맞춰 봉합한 다음, 시접은 2장 함께 지그재그봉합 또는 오버록 통솔처리하고, 커프스 쪽으로 넘겨 상침한다. → 3.★어깨를 봉합한다. → 4.★소매를 단다. → 5.★몸판의 옆선을 봉합한다. → 6.★목둘레를 봉합한다. → 7.스커트 밑단에 지그재그봉제 또는 오버록 처리한다. → 8.★스커트의 옆선을 봉합한다. → 9.★밑단을 상침한다. → 10.몸판과 스커트를 맞춰 봉합한 다음, 시접은 2장 함께 지그재그봉합 또는 오버록 통솔처리하고, 스커트 쪽으로 넘겨 상침하여 완성한다.

G *Photo_P.19*

진주 장식 원피스

[재료] ※원단의 요척은 p.50 참고
겉감…폴리에스테르 원단
또는 폴리우레탄이 들어간 스트레치 원단
바이어스테이프(양면타입)…1.3cm폭×80cm
열접착 양면테이프
니트용 미싱실
진주 장식…지름 0.8cm폭

[만드는 방법 포인트]
기본 몸판의 소매를 반소매(소매산에서부터 14cm)로 하고, 주머니를 달아줍니다. ★의 봉합방법은 p.50~53참고.

[만드는 순서와 방법]
1.★다트를 봉합한다. → 2.★소맷부리와 밑단을 처리한다. → 3.주머니를 만들고, 몸판에 단다. ※p.41참고. → 4.★어깨를 봉합한다. → 5.★소매를 단다. → 6.★소맷부리를 상침한다. → 7.★몸판의 옆선을 봉합한다. → 8.★밑단을 상침한다. → 9.★목둘레를 봉합한다. → 10.진주 장식을 달아 완성한다(진주 장식은 가이드 선을 정하고 0.3cm간격으로 달면 예쁘게 완성됩니다).

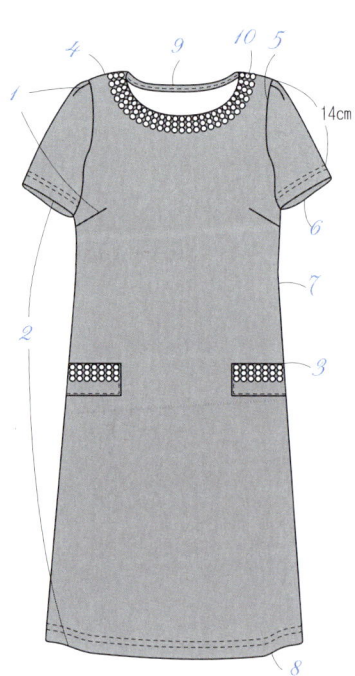

H *Photo_P.20*

주머니 앞절개 원피스

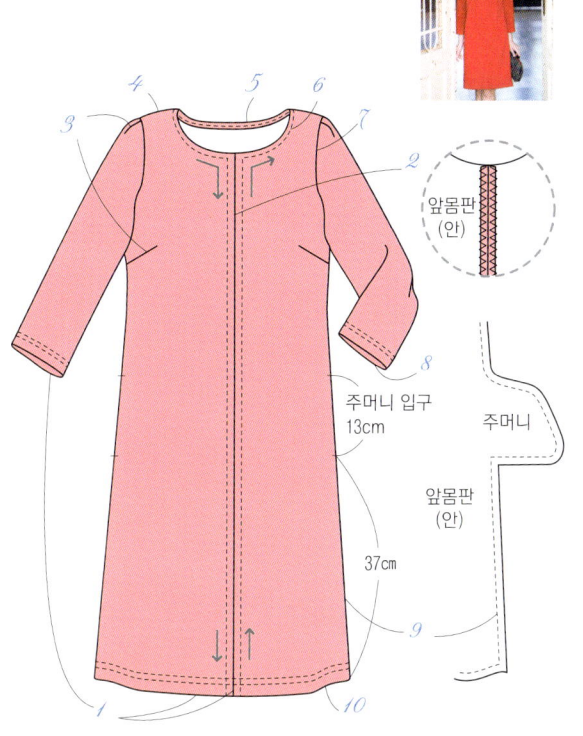

[재료] ※원단의 요척은 p.50 참고
겉감…코튼100% 스트레치 원단
또는 폴리에스테르 원단
또는 폴리우레탄이 들어간 스트레치 원단
바이어스테이프(양면타입)…1.3cm폭×80cm
니트용 미싱실

[만드는 방법 포인트]
기본 앞몸판을 앞중심에서 절개하고 상침합니다. 주머니는 밑단에서 37cm위에 주머니 패턴을 달아 재단하고, 옆선을 봉합할 때에 주머니를 이어서 봉합합니다. ★의 봉합방법은 p.50~53참고.

[만드는 순서와 방법]
1. 앞중심의 시접, 밑단, 소맷부리에 지그재그봉제 또는 오버록 처리한다. → 2. 앞중심의 절개를 봉합한다. → 3. ★다트를 봉합한다. → 4. ★어깨를 봉합한다. → 5. ★목둘레를 봉합한다. → 6. 목둘레에서부터 앞중심 절개에 상침한다. → 7. ★소매를 단다. → 8. ★소맷부리를 상침한다. → 9. 몸판의 옆선과 주머니를 한 번에 이어서 봉합한다. → 10. ★밑단을 상침한다.

J *Photo_P.23*

반소매 주머니 원피스

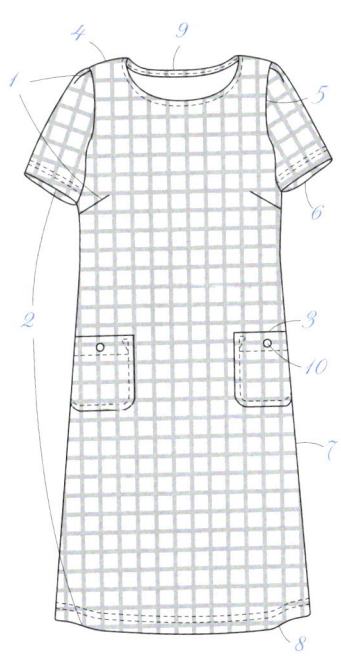

[재료] ※원단의 요척은 p.50 참고
겉감…코튼100% 스트레치 원단
또는 폴리에스테르 원단
또는 폴리우레탄이 들어간 스트레치 원단
바이어스테이프(양면타입)…1.3cm폭×80cm
열접착 양면테이프
니트용 미싱실
단추…지름 1.5cm 2개

[만드는 방법 포인트]
기본 몸판의 소매를 반소매로 하고, 주머니를 달아줍니다. 체크무늬 같은 무늬가 있을때는, p.40의 무늬맞춤을 참고해주세요. ★의 봉합방법은 p.50~53참고.

[만드는 순서와 방법]
1. ★다트를 봉합한다. → 2. ★소맷부리와 밑단을 처리한다. → 3. 주머니를 만들어 몸판에 단다. ※p.41참고. → 4. ★어깨를 봉합한다. → 5. ★소매를 단다. → 6. ★소맷부리를 상침한다. → 7. ★몸판의 옆선을 봉합한다. → 8. ★밑단을 상침한다. → 9. ★목둘레를 봉합한다. → 10. 주머니에 단추를 달아 완성한다.

Pattern II K Photo _ P.24
레이스 튜닉

[재료] ※원단의 요척은 p.50 참고
겉감…레이스천
피부쪽 몸판천…코튼100% 스트레치 원단
또는 폴리우레탄이 들어간 스트레치 원단
바이어스테이프…1.3cm폭×80cm
니트용 미싱실

[만드는 방법 포인트]
레이스천은 비치기 때문에 기본 몸판만 레이스천과 피부쪽 몸판천을 이용하여 2장을 겹쳐서 만들고, 밑단은 1장으로만 만듭니다. 봉합할 때는 몸판의 목둘레와 소매둘레를 1장으로 만들고, 밑단은 5cm차를 주어 2장이 되도록 합니다. ★의 봉합방법은 p.50~53참고.
※튜닉 길이는 자신의 엉덩이가 가려지는 옷길이로 조절해주세요. 사진의 옷길이는 70cm 입니다.

[만드는 순서와 방법]
1.레이스천과 피부쪽 몸판천 다트를 각각 따로 봉합한다. → 2.레이스천과 피부쪽 몸판천 어깨를 함께 봉합한다. → 3.목둘레의 시접에 0.7cm상침하고, 레이스천과 피부쪽 몸판천을 1장으로 만들어 바이어스테이프로 목둘레를 봉합한다. → 4.피부쪽 몸판천의 옆선을 봉합한다. → 5.레이스천의 옆선을 봉합한다. → 6.소매둘레에 0.7cm상침하고, 피부쪽 몸판천과 레이스천을 1장으로 만들어 둔다. → 7.레이스천의 소매아래를 봉합한다. → 8.소맷부리 시접을 0.5cm간격으로 두 번 접어 상침한다. → 9.★소매를 단다. → 10.피부쪽 몸판천과 레이스천의 밑단의 시접을 0.5cm간격으로 두 번 접어 상침하여 완성한다.

70cm

레이스천과
피부쪽 몸판은 5cm차

Pattern II L Photo _ P.26
스캘럽 레이스 원피스

[재료] ※원단의 요척은 p.50 참고
겉감…스캘럽 원단
바이어스테이프(양면타입)…1.3cm폭×180cm
폴리에스테르 미싱실 60수
그로그랭 리본…0.8cm폭×170cm+α

[만드는 방법 포인트]
기본 패턴을 사용하고, 밑단은 스캘럽 원단을 사용. 밑단 폭이 넓어져도 좋으니 스캘럽 무늬를 맞춰 재단해주세요. ★의 봉합방법은 p.50~53참고.

[만드는 순서와 방법]
1.★다트를 봉합한다. → 2.★어깨를 봉합한다. → 3.★몸판의 옆선을 봉합한다. → 4.★목둘레를 봉합한다. → 5.목둘레와 같은 방법으로 소매둘레를 봉합한다. → 6.허리 부분에 실루프를 단다. → 7.실루프에 0.8cm폭 그로그랭 리본을 통과시킨다.

앞가슴 트임 패턴

기본 만드는 방법

[재료] 5사이즈 공통

겉감… 130cm폭의 경우 ×160cm
(B길이는 +5cm/C길이는 +10cm)

실물크기 패턴 **CD**

[재단 배치도] *지정 이외의 시접은 1cm

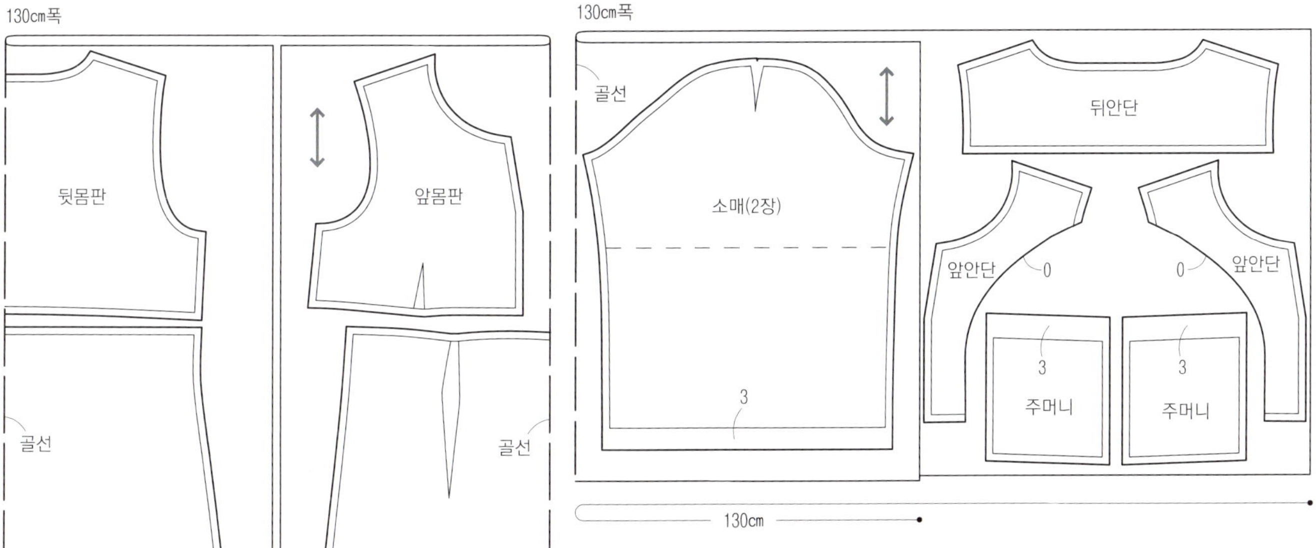

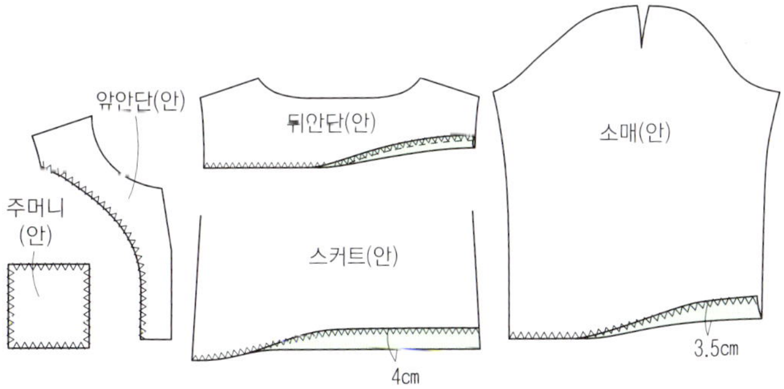

130cm폭

뒷몸판 / 앞몸판
골선 / 골선
뒷스커트 / 앞스커트
4 / 4
65cm / 65cm

130cm폭

골선 / 소매(2장) / 뒤안단
앞안단 0 / 0 앞안단
주머니 3 / 주머니 3
3
130cm

앞안단(안) / 뒤안단(안) / 소매(안)
주머니(안) / 스커트(안)
4cm / 3.5cm

[사전 준비] 지그재그봉제 또는 오버록 처리한다

앞·뒤안단, 주머니 둘레의 시접 끝, 소맷부리와 앞·뒤몸판의 밑단의 시접에 지그재그봉제 또는 오버록 처리하고, 시접을 접어 다린다. 뒤안단은 시접을 1cm접어 끝에서 0.7cm간격으로 상침하여 시접을 고정한다.

[만드는 순서와 방법]

3. 앞몸판을 봉합한다
4. 뒷목둘레를 봉합한다
5. 어깨를 봉합한다
6. 소매를 단다
7. 몸판의 옆선을 봉합한다
11. 요크를 단다
1. 다트를 봉합한다
2. 주머니를 만든다
8. 주머니를 단다
9. 스커트의 옆선을 봉합한다
10. 밑단을 상침한다

1. 다트를 봉합한다

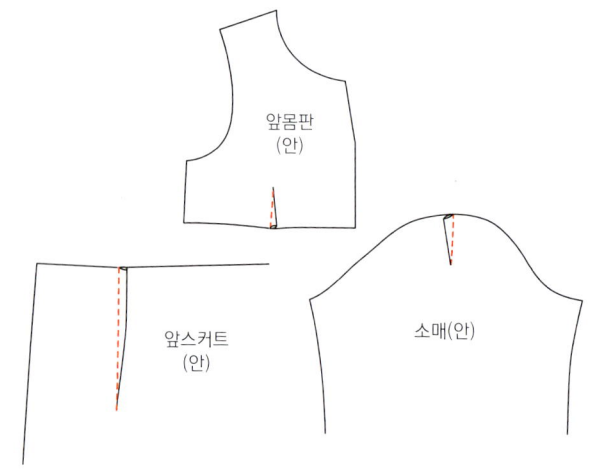

앞몸판, 앞스커트, 소매의 다트를 봉합한다. 앞몸판, 앞스커트는 앞중심 쪽으로, 소매는 뒤쪽으로 다트를 꺾어 다린다.

2. 주머니를 만든다

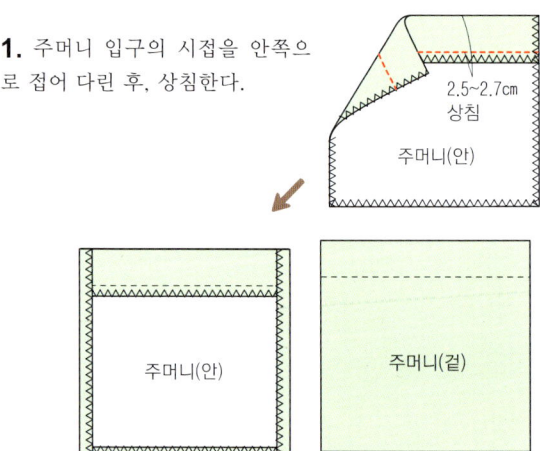

1. 주머니 입구의 시접을 안쪽으로 접어 다린 후, 상침한다.

2. 열접착 양면테이프를 약 8~9cm길이로 자르고, 접어 다린 시접과 주머니 사이에 끼워 넣은 다음, 다림질하여 시접을 붙인다.

3. 앞몸판을 봉합한다

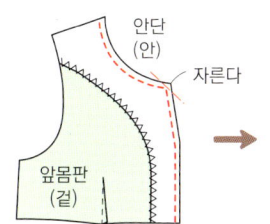
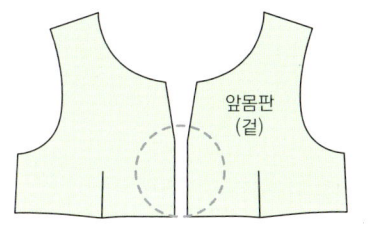

1. 앞몸판과 안단을 겉끼리 맞대어 봉합한다.

2. 안단의 시접을 가름솔하고, 겉으로 뒤집어 점선끼리 맞댄다.

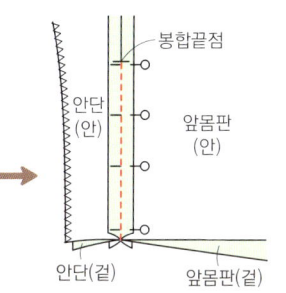

3. 맞댄 겉몸판과 안단의 좌우를 펴서 겉끼리 맞대고, 봉합선에 맞춰 봉합끝점까지 시침핀으로 고정한 뒤 솔기 사이를 봉합한다.

4. 다림질하여 정리한다.

4. 뒷목둘레를 봉합한다

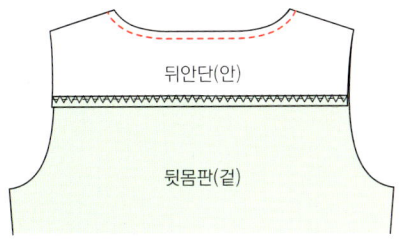

1. 뒷몸판과 뒤안단을 겉끼리 맞대어 목둘레를 봉합한다.

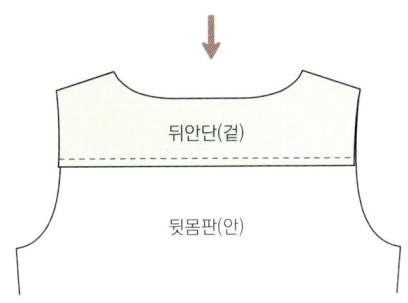

2. 목둘레 시접을 가름솔하고, 겉으로 뒤집어 목둘레를 다림질하여 정리한다.

5. 어깨를 봉합한다

1. 어깨를 봉합하기 전에 앞·뒤몸판을 완성상태로 놓고 확인한다.

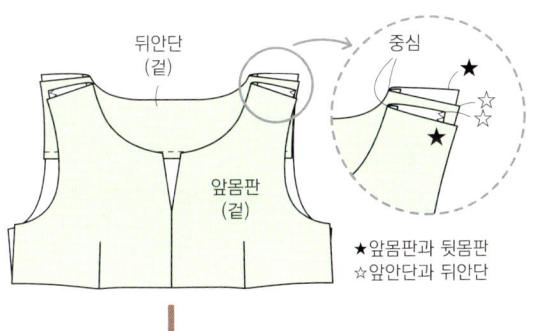

★앞몸판과 뒷몸판
☆앞안단과 뒤안단

2. ★앞몸판과 뒷몸판, ☆앞안단과 뒤안단의 어깨를 중심을 기점으로 해서 좌우로 펼쳐 각각 겉끼리 맞대고, 몸판과 안단의 이께를 한 번에 이어서 봉합한다. 이때, 앞뒤 모두 목둘레 시접은 가름솔하고, 어깨를 봉합한 다음, 목둘레의 시접만 L자로 자른다.

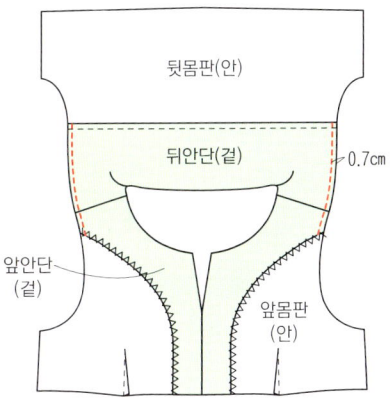

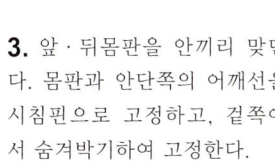

3. 앞·뒤몸판을 안끼리 맞댄다. 몸판과 안단쪽의 어깨선을 시침핀으로 고정하고, 겉쪽에서 숨겨박기하여 고정한다.

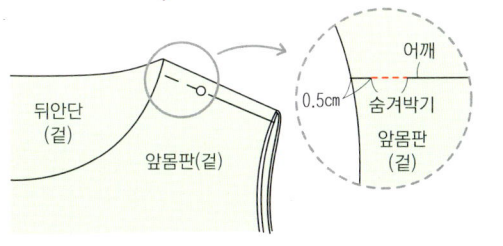

4. 앞·뒤몸판과 앞·뒤안단의 소매둘레 시접에 상침하고, 2장을 1장으로 만들어 소매를 달기 쉽도록 한 다음, 겉쪽에서 모양을 정리한다.

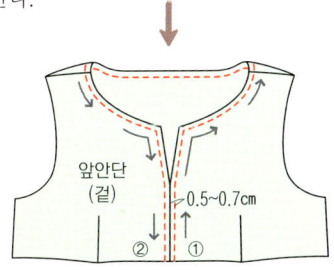

5. 다림질하여 정리하고, ①에서부터 ②까지 한 번에 이어서 상침한다.

6. 소매를 단다

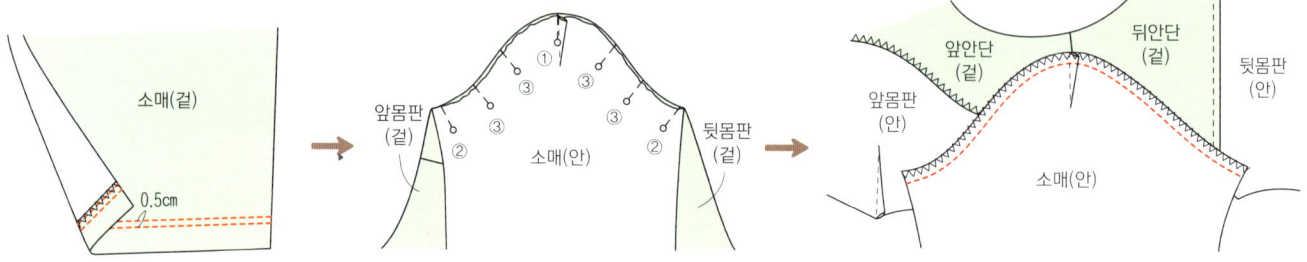

1. 시접을 접어 다린 소맷부리에 2줄 상침한다(상침한 곳에서 0.5cm간격으로 한 번 더 상침한다).

2. 몸판의 소매둘레에 소매를 겉끼리 맞대어 시침핀으로 고정한다. 몸판의 어깨와 소매산(①), 몸판의 옆선과 소매아래(②), 사이의 맞춤점(③)순으로 고정하고, 시침핀 사이를 한 번 더 고정한다.

3. 몸판에 소매를 단다. 시접은 2장 함께 지그재그봉합 또는 오버록 통솔처리하여 몸판 쪽으로 넘긴다.

7. 몸판의 옆선을 봉합한다.

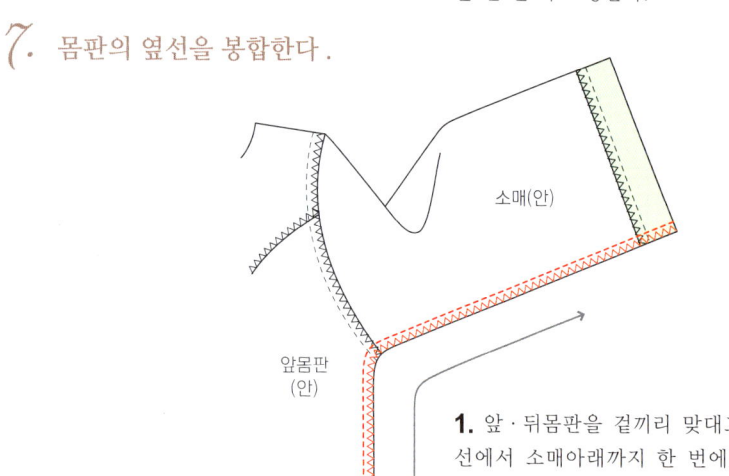
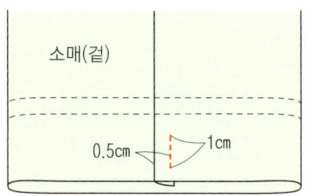

1. 앞·뒤몸판을 겉끼리 맞대고, 몸판의 옆선에서 소매아래까지 한 번에 이어서 봉합한다. 시접은 2장 함께 지그재그봉합 또는 오버록 통솔처리한다.

2. 시접을 뒤쪽으로 넘겨 다린다. 소매 끝에 1cm정도 상침하여 시접을 고정한다.

8. 주머니를 단다

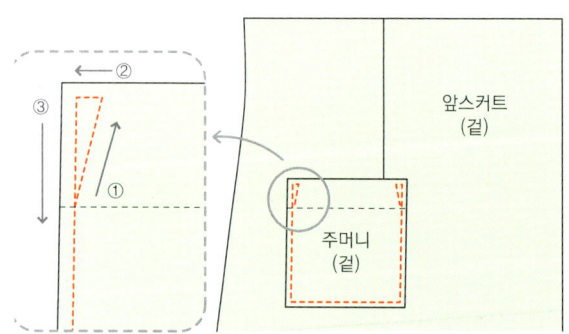

스커트의 주머니 다는 위치에 시침핀 대신, 주머니 입구를 제외한 나머지 세 변의 시접에 열접착 양면테이프를 붙여 고정하고, 상침하여 고정 봉합한다. 주머니 입구의 모서리 부분은 삼각형 모양으로 상침하면 더욱 튼튼하다.

9. 스커트의 옆선을 봉합한다

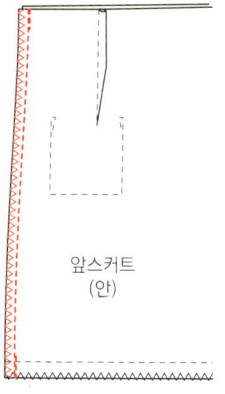

앞·뒤스커트를 각각 겉끼리 맞대고, 밑단의 접음선을 펼쳐 한 쪽 옆선을 봉합한다. 봉합의 시작과 끝은 되돌아박기하고, 시접은 2장 함께 지그재그봉합 또는 오버록 통솔처리한다. 시접을 뒤스커트 쪽으로 넘겨 다리고, 나머지 한 쪽도 봉합하여 뒷몸판 쪽으로 넘긴다.

10. 밑단을 상침한다

밑단의 시접을 다시 한 번 접어 다리고, 2줄 상침한다.
(상침한 곳에서 0.5cm간격으로 한 번 더 상침한다)

11. 요크를 단다

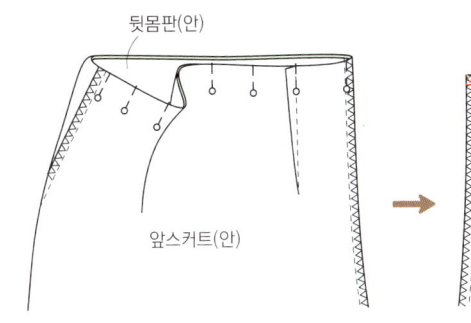

1. 몸판과 스커트를 겉끼리 맞대어 시침핀으로 고정한다. 앞몸판과 스커트의 다트와 겉요크의 다트 위치를 맞춰 고정한다.

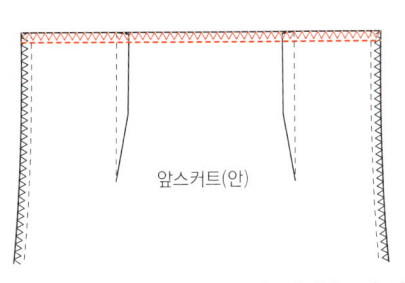

2. 한 바퀴 둘러 요크를 단다. 시접은 2장 함께 지그재그봉합 또는 오버록 통솔처리한다.

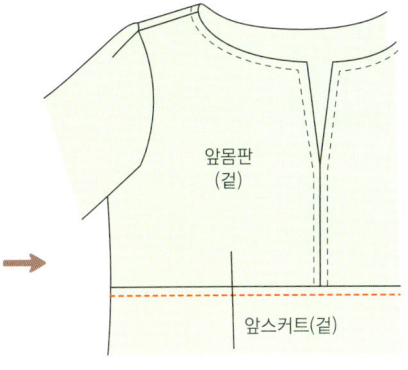

3. 시접을 스커트 쪽으로 넘겨 다리고, 상침한다.

 Pattern III   **M** *Photo_P.30*   **N** *Photo_P.31*

앞가슴 트임 반소매 원피스

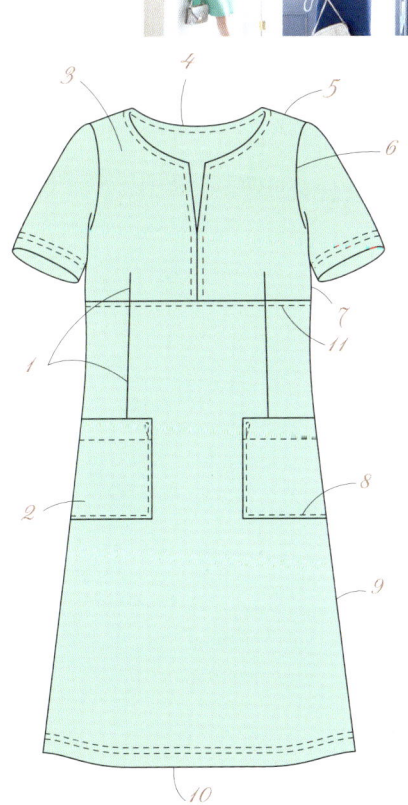

[재료] ※원단의 요척은 p.57 참고

M
겉감…폴리에스테르 원단
또는 폴리우레탄이 들어간 스트레치 원단
열접착 양면테이프
니트용 미싱실 50수

N
겉감…데님 원단
열접착 양면테이프
폴리에스테르 미싱실 60수
데님용 스티치실 30수

[만드는 방법 포인트]
기본 몸판의 소매를 반소매로 합니다. 데님 원단은 스티치실을 30수로 하고, 흰색이나 빨간색, 갈색 등으로 컬러를 바꾸면 다른 느낌으로 연출됩니다. 봉합방법은 p.57~61참고.

[사전 준비]
지그재그봉제 또는 오버록 처리한다.

[만드는 순서와 방법]
1. 다트를 봉합한다. → *2.* 주머니를 만든다. → *3.* 앞몸판을 봉합한다. → *4.* 뒷목둘레를 봉합한다. → *5.* 어깨를 봉합한다. → *6.* 소매를 단다. → *7.* 몸판의 옆선을 봉합한다. → *8.* 주머니를 단다. → *9.* 스커트의 옆선을 봉합한다. → *10.* 밑단을 상침한다. → *11.* 요크를 단다.

배색 바이어스 절개 원피스

Photo _ P.32

[재료] ※원단의 요척은 p.57 참고

겉감…폴리에스테르 100% 또는 폴리우레탄이 들어간 스트레치 원단

배색천…1.5cm폭

니트용 미싱실 50수

열접착 양면테이프

[만드는 방법 포인트]

기본형의 목둘레, 소맷부리, 주머니 입구에 배색천(1.5cm폭)을 단다. 패턴 작성시에 패턴으로부터 1.5cm떨어진 곳에 선을 긋고, 배색천을 만들어 각각의 부분에 붙여 봉합한다.

[만드는 순서와 방법]

1. 겉몸판과 배색천(1.5cm+시접), 안단과 배색천을 맞춰 봉합한다. 시접을 가름솔 하고 목둘레의 여분은 자른다. 배색천을 맞춰 봉합한 겉몸판과 안단을 겉끼리 맞 대고, 봉합끝점까지 봉합선 위를 봉합하여 앞몸판을 만든다. (아래 그림의 빨간색 스티치) 앞안단 쪽에서 끝을 안커버스티치로 눌러둔다(안커버스티치란, 시접을 안 쪽으로 넘겨 상침하여 고정하는 것).

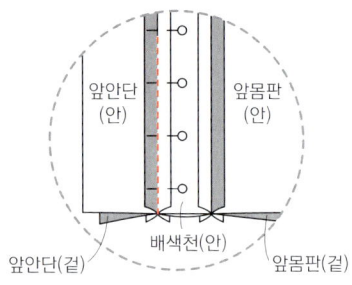

2. 뒷몸판도 배색천(+1.5cm), 뒤안단과 배색천을 맞춰 봉합한다. 뒤안단 쪽의 목둘 레는 안커버스티치로 눌러둔다.

3. 주머니 입구는 배색천을 테두리로 하여 주머니와 맞춰 봉합하고, 시접끝에 지그 재그봉제 또는 오버록 처리한 다음, 시접을 주머니 쪽으로 넘겨 커버스티치(커버 스티치는 가장자리를 스티치하는 것)를 한다. 주머니 입구를 제외한 나머지 세 변 의 시접은 지그재그봉제 또는 오버록 처리하여 양면 접착테이프를 붙이고 다리미 로 다려 시접을 고정한다.

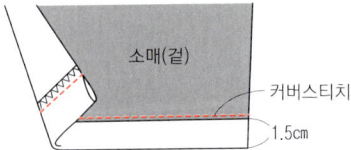

4. 소맷부리는 배색천을 테두리로 하여 소매와 맞춰 봉합하고, 시접을 지그재그봉 제 또는 오버록 처리한 다음, 소매 쪽으로 넘겨 커버스티치를 한다.

※그 외에는 p.57~61참고.

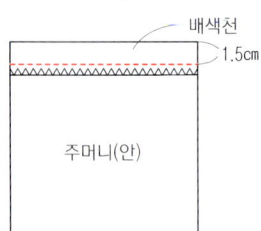
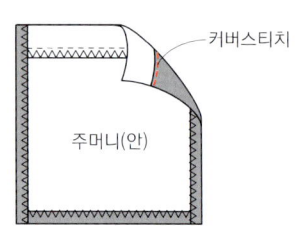

목둘레의 시접을 안안단 쪽으로 넘겨 안단 겉쪽에서 2장의 시접과 함께 안커버스티치를 한다.

Pattern III P *Photo_P.34*
슬리브리스 원피스

[재료] ※원단의 요척은 p.57 참고
겉감… 폴리우레탄이 들어간 스트레치 원단
또는 폴리에스테르 원단
열접착 양면테이프
니트용 미싱실 50수

[만드는 방법 포인트]
기본형의 몸판에서 소매를 없애 슬리브리스로 만듭니다.
★봉합방법은 p.57~60참고.

[만드는 순서와 방법]
1.★다트를 봉합한다. → 2.★주머니를 만든다. → 3.★앞몸판을 봉합한다. → 4.★뒷목둘레를 봉합한다. → 5.어깨를 봉합한다. → 6.앞·뒷몸판의 소매둘레 시접에 지그재그봉제 또는 오버록 처리하고, 시접을 1cm접어 올린다. → 7.겉앞·뒤안단의 소매둘레를 겉끼리 맞대고, 겉앞·뒷몸판을 겉끼리 맞대어 소매둘레의 시접을 맞춰 봉합한 후, 겉으로 뒤집어 다린다. → 8.소매둘레와 앞가슴 트임부터 뒷몸판까지 0.5~0.7cm간격으로 상침한다. → 9.★몸판의 옆선을 봉합한다. → 10.★주머니를 단다. → 11.★스커트의 옆선을 봉합한다. → 12.★밑단을 상침한다. → 13.★요크를 단다.

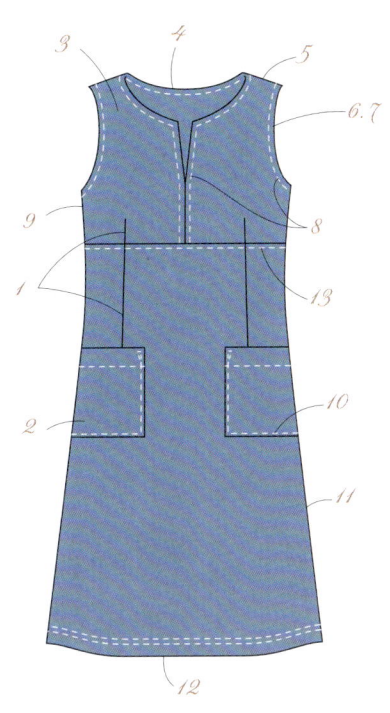

Pattern III Q *Photo_P.35*
7부 소매 원피스

[재료] ※원단의 요척은 p.57 참고
겉감…폴리에스테르 원단
열접착 양면테이프
니트용 미싱실 50수

[만드는 방법 포인트]
봉합방법은 p.57~60와 동일.

[사전 준비]
지그재그봉제 또는 오버록 처리한다.

[만드는 순서와 방법]
1.다트를 봉합한다. → 2.주머니를 만든다. → 3.앞몸판을 봉합한다. → 4.뒷목둘레를 봉합한다. → 5.어깨를 봉합한다. → 6.소매를 단다. → 7.몸판의 옆선을 봉합한다. → 8.주머니를 단다. → 9.스커트의 옆선을 봉합한다. → 10.밑단을 상침한다. → 11.요크를 단다.

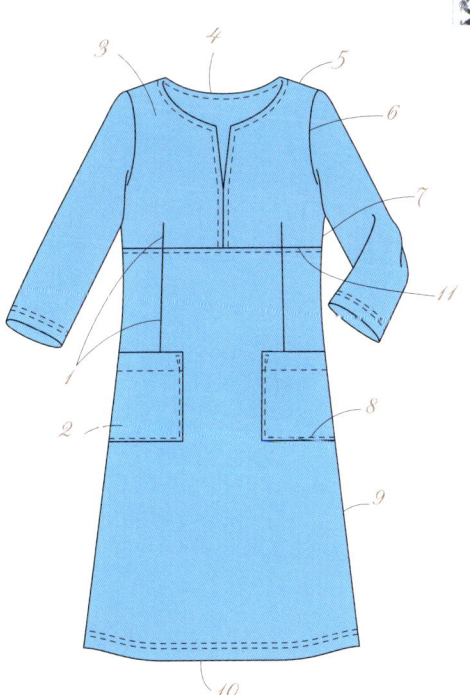

이즈미 마유코 (Mayuko Izumi)

패션디자이너 겸 스타일리스트.
이탈리아 밀라노의 마랑고니 학원 마스터 코스를 졸업.
1988년부터 의상제작・스타일링에 종사.
2007년, 자사 브랜드를 설립한 후에는
[정말로 입고 싶은 것. 착용감이 좋은 것]을 추구.
현재는 무대[Endless SHOCK]의상을
제작 및 스타일링하며 활약중.

스타일리시하고 쉬운
원피스 만들기

초판 1쇄 인쇄 2017년 02월 16일
초판 1쇄 발행 2017년 02월 23일

발행인	정용효
기획	김미영, 현보경, 정다은
번역	손수현
편집	최지선
인쇄	미래인쇄

신고번호	제2016-000002호
신고일자	2016년 01월 26일
발행처	㈜핸디스 소잉스토리
	광주광역시 북구 서암대로 133 (신안동), 3층
대표전화	062_513_8957
팩스	062_522_8827
문의전화	070_8893_9218
홈페이지	www.sewingstory.com
ISBN	979-11-88062-01-0 13590
판매가	15,000원

※ 잘못 인쇄된 책은 구입처에서 교환해 드립니다.
※ 소잉스토리는 소잉 D.I.Y 취미실용서를 출간합니다.

이 도서의 국립중앙도서관 출판예정도서목록(CIP)은 서지정보유통지원시스템 홈페이지(http://seoji.nl.go.kr)와 국가자료공동목록시스템(http://www.nl.go.kr/kolisnet)에서 이용하실 수 있습니다.
(CIP제어번호 : CIP2017003918)

STYLE GA YOKUMIERU! ONE PIECE & TUNIC
ⓒ Mayuko Izumi 2015
Originally published in Japan in 2015 by NITTO SHOIN HONSHA CO.,LTD., TOKYO,
Korean translation rights arranged with NITTO SHOIN HONSHA CO.,LTD., TOKYO,
through TOHAN CORPORATION, TOKYO, and Botong Agency, SEOUL.

이 책의 한국어판 저작권은 Botong Agency를 통한 저작권자와의 독점 계약으로 ㈜핸디스가 소유합니다. 신 저작권법에 의하여 한국 내에서 보호를 받는 저작물이므로 무단전재와 무단복제를 금합니다.

NCC미싱의 새로운 친구 "에밀리"를 소개합니다.

EMILY
CC-9910

실속형 베이직미싱
" 에밀리 " 가 소잉의 꿈을 완성해 드립니다.

에밀리 장점

- 21종 패턴
- 자동 실 끼우기 장치
- LED 조명
- 노루발 압력 조절
- 프리암 기능

의상소잉DIY 전문쇼핑몰
패션스타트

1 **소잉생활이 더욱 즐거워지는 곳!**
국내상품, 수입상품, 개발상품 등 내가 원하는 종류의 원단, 부자재, 패턴, 서적, 미싱 상품들이 가득!

2 **쇼핑의 즐거움이 가득한 곳!**
다양한 무료혜택과 수준높은 서비스, 알뜰 이벤트가 365일 진행되는 쇼핑몰!

3 **만족, 행복, 신뢰, 가치, 즐거움!**
대한민국을 대표하는 패션DIY 전문 쇼핑몰 패션스타트의 약속입니다.

 Fashion Start

의상전문 교육과정과 미싱교육, 소잉상품으로 전문화된 '패션스타트NCC' 전국 대리점에서도 만나보실 수 있습니다.

검색창에  패션스타트 ▼ 을 쳐보세요. www.fashionstart.net 고객센터 1644-8957

베이비/ 아동/ 성인 의상 소잉 DIY 전문멀티샵
"패션스타트NCC 대리점"

세심하고 체계적인 단계별 교육과정을 통하여 의상소잉에 대한 자신감과 소잉실력,
더 나아가 내가 원하는 의상작품을 스스로 제작하며 소잉의 진정한 즐거움과 가치를 전하는 패션스타트NCC 대리점입니다.

 "의상 소잉상품"
다양한 종류와 스타일의 원단/ 부자재/ 패턴/ 서적 등

 "초급-중급-고급 단계별 의상전문 교육과정"
베이비, 아동, 성인아이템으로 구성된 체계적이고 전문화된 시스템

 "미싱 교육"
소잉의 즐거움을 전하는 고급 NCC미싱으로 진행

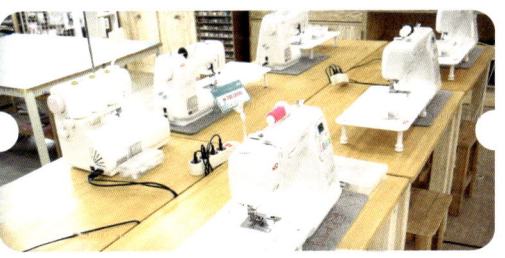

- 의상 소잉 DIY 전문 멀티숍 패션스타트NCC 전국 대리점 -

경인지역   김포 장기점 010-4170-7964, 평택 인중점 031-684-3489, 인천 청라점 032-563-3027, 수원 송죽점 031-207-0966

경상지역   구미 원호점 054-442-4001, 김해 장유점 070-8835-1019, 경주 황성점 054-776-5008

전라지역   광주 첨단점 062-973-6314, 광주 동천점 062-385-6055, 광주 금호점 062-651-3557, 전주 효자점 063-223-3609

패션스타트NCC 대리점에 관한 개설문의는 패션스타트(www.fashoinstart.net) 또는
NCC미싱(www.nccmising.com) 사이트를 통하여 하실 수 있습니다.

심플소잉

빨간머리앤 시즌 4 원단
한국 독점 정식 라이선스

온라인 www.simplesewing.co.kr
오프라인 www.simplesewing.co.kr/offline/

본 이미지는 ⓒ NIPPON ANIMATION CO., LTD.와 (주)코하스아이디의
라이선스 계약에 따라 한국 내에서의 판매를 허락받은 제품에 대한
소개 이미지입니다. 제품, 캐릭터의 무단복제는
법적 제재를 받을 수 있습니다.

앤의 룩앤미
빨간머리앤과 다이애나를 스탬프
느낌의 빈티지하면서도 색다른 느낌의
표현으로 접근하고자 하였습니다.
추억 속의 애니메이션인 빨간머리앤과
스탬프 찍기 놀이의 공통 키워드인
'추억' 을 주제로 아트웍하였습니다.

팝아트
빨간머리앤과 다이애나의 생동감 있는
표정을 팝아트적 요소를 가미하여
표현하였습니다.
기존 시즌에서 표현하지 못했던
파격적인 기법으로 앤디워홀의 팝아트
작품에서 영감을 얻어 예술적 시각으로
아트웍하였습니다.

1

앤의 화원
빨간머리앤과 다이애나의 배경에
수채화의 조형기법으로 접근하여
캐릭터의 향수를 불러일으킬 수 있도록
아트웍하였습니다.

2

3

앤의 트윙
빨간머리앤과 다이애나를 생동감 있는
배경과 병합하여 딱딱한 느낌을 벗어나
자연스러운 느낌으로 아트웍하였습니다.

4

심플소잉 NCC 매장에서도 빨간머리앤을 만나보세요!

서울지역	서울 방배점
경인지역	인천 센트럴파크점. 화성 동탄점. 분당 정자점. 용인 동백점. 용인 신봉점. 안양 평촌점. 부천 상동점. 수원 영통점. 수원 권선점. 평택 소벌사점
충청지역	천안 두정점. 청주 가경점. 청주 용암점. 충남 당진점. 충주 교현점. 대전 탄방점. 대전 노은점. 천안 신방점. 아산 배방점
경상지역	대구 죽전점. 부산 미남역점. 부산 정관점. 부산 화명점. 울산 남구점. 울산 화정점. 울산 성안점. 포항 북부점.
	창원 남양점. 안동 북문점. 경주 노서점
전라지역	광주 충장점. 광주 수완점. 순천 장천점. 목포 하당점. 군산 지곡점
강원, 제주지역	제주시 제주점. 원주 중앙점

온라인 www.simplesewing.co.kr **고객센터** 1644-5744 **오프라인** www.simplesewing.co.kr/offline/

TALK
@심플소잉
친구추가하기

Simple Sewing

Natural Sewing Life

심플소잉NCC

일산 주엽점

인천 송도점

내 삶의 즐거움과 행복을 더해주는 심플소잉NCC 대리점

서울지역
서울 방배점 02-6339-2223

경인지역
인천 송도섬 032-833-7730, 하석 동탄점 070-4190-3830, 분당 정자점 031-711-0015, 용인 동백점 070-8820-8922, 용인 신봉점 031-264-3769, 안양 평촌점 070-8683-8053, 부천 상동점 070-7641-0305, 수원 영통점 031-273-9411, 수원 권선점 070-4106-7793, 평택 소사벌점 031-651-7794, 일산 주엽점 031-906-6577

충청지역
천안 부정진 070-4078-9135, 청주 가경점 043-232-0306, 청주 용암점 043-900-3579, 충남 당진점 070-4104-9320, 충주 교현점 043-856-9910, 대전 탄방점 042-487-8265, 대전노은점 070-7776-5337, 천안 신방점 041-579-7275, 아산 배방점 041-532-5476

경상지역
대구 죽전점 053-201-0060, 부산 미남역점 051-741-3887, 부산 정관점 051-728-4159, 부산 화명점 051-365-1591, 울산 남구점 052-271-1188, 울산 화정점 052-234-2194, 울산 성안점 052-248-8671, 포항 북부점 054-615-4004, 창원 남양점 055-263-5662, 안동 북문점 054-852-5662, 경주 노서점 054-771-6349

전라지역
광주 충장점 062-225-5662, 광주 수완점 062-653-2335, 순천 장천점 061-900-9965, 목포 하당점 061-287-8155, 군산 지곡점 063-468-6338

강원, 제주지역
제주시 제주점 064-733-5151, 원주 중앙점 033-742-9884

누구나 생각하던 일반적인 '공방'이 아닙니다.

소잉에 필요한 원단, 부재료, 패턴, 서적의 다양하고 풍성한 상품구성 공간!

그동안 눈으로만 봤었던 "재봉틀(미싱)"을 샵에서 직접 만져보고 체험 할 수 있는 공간!

본사의 체계적인 관리와 교육을 마스터한 전문강사와 다양한 과정의 수준높은 소잉교육 공간!

눈으로 보고, 손으로 만져보고, 몸으로 체험하는 국내최초 신개념 소잉 복합공간, 소잉DIY 전문 멀티샵! 입니다.

심플소잉NCC 대리점은 소잉을 통한 즐거움과 행복으로 더욱 풍성해지고 가치있는 삶을 전해드립니다.

상담 및 문의 1644-5662
웹페이지 www.nccmising.com

NCC미싱의 새로운 친구 "스누피"를 소개합니다.

SNOOPY® CC-9907

©2016 Peanuts Worldwide LLC, Peanuts.com

" 스누피 " 와 함께
즐거운 소잉생활의 시작

스누피 장점

| 9종 패턴 | 자동 실 끼우기 장치 | LED 조명 | 노루발 압력 조절 | 프리암 기능 |

PATTERN iN은 다릅니다.

PATTERN IN은 패턴 전문 브랜드로 DIY를 사랑하는 모든 분들이 쉽게 배우고, 사용할 수 있도록 초보자의 눈으로 개발합니다.

{ PATTERN IN의 패턴은 의상을 전공한 디자이너들이 디자인부터 완성까지 모든 과정을 직접 제작하여 믿을 수 있습니다. }

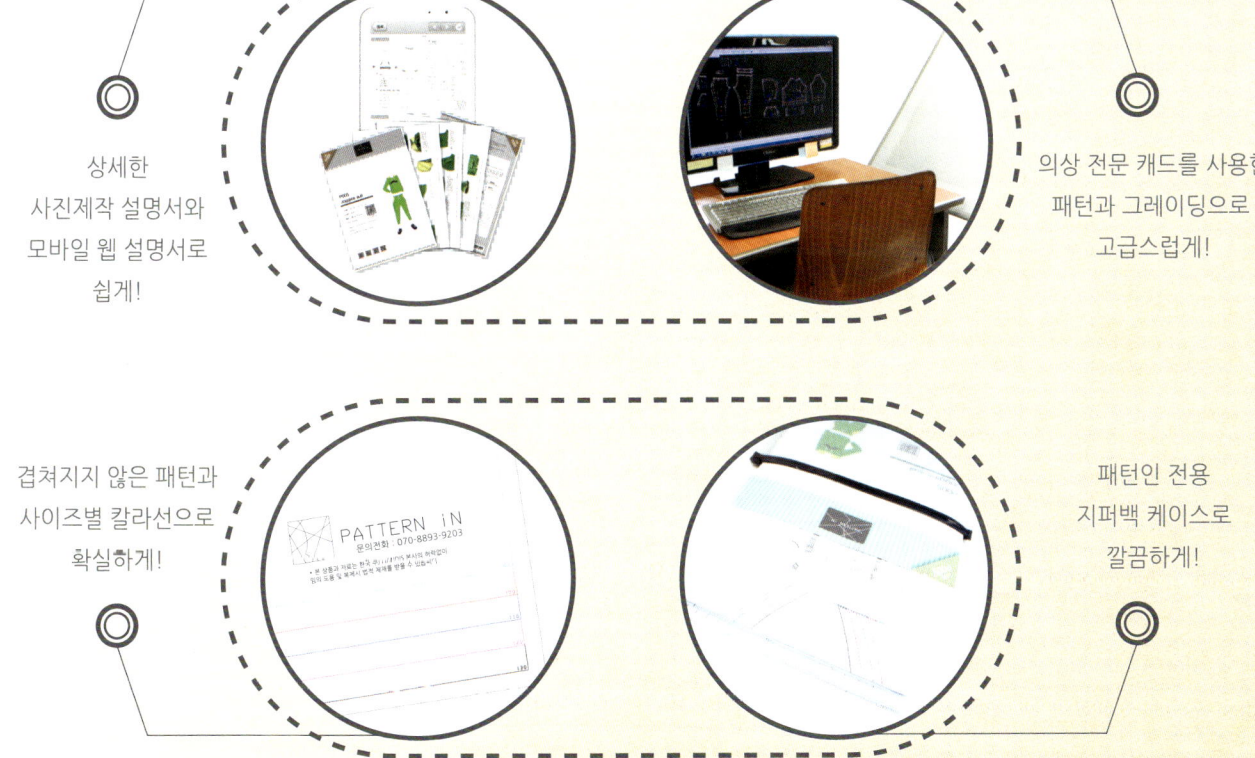

상세한 사진제작 설명서와 모바일 웹 설명서로 쉽게!

의상 전문 캐드를 사용한 패턴과 그레이딩으로 고급스럽게!

겹쳐지지 않은 패턴과 사이즈별 칼라선으로 확실하게!

패턴인 전용 지퍼백 케이스로 깔끔하게!

PATTERN IN 의 패턴은 실물 패턴과 사진 제작 설명서가 지퍼백 케이스에 담겨 고객님께 배송됩니다. 지금 바로 만나보세요!

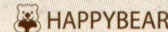

High Quality
매끈한 표면은 원단 봉제 시
발생하는 시임퍼커링 현상을
최소화 시켜주어 봉제감이 탁월하다
작품의 완성도 up!
(시임퍼커링:봉제시 원단이 자글자글 울어
봉제선이 일정하지 않고 모양이 틀어지는 현상)

So nice!
내추럴 소잉작품 등에 다양하게
사용될 수 있는 고급스러운 색감!

프라임 소잉전용실은 홈패션, 머신퀼트,
미싱자수, 소품, 의상 등 작품 구분 없이
수영복원단, 다이마루, 모직, 가죽 등
다양한 원단을 봉제할 수 있는
다재다능한 멀티실이다 :)

PRIME
프라임으로 가능한 Real Happy Sewing

가치있는 작품을 위한 특별한 소잉실

프라임이 당신의 작품을 한층 더
근사하게 만들어줄 것이다.

프라임 소잉전용실
45수2합 / 400m
Polyester60%, Nylon40%
(일반두께 원단 봉제시 사용)

스티치 프라임 소잉전용실
29수3합 / 200m
Polyester60%, Nylon40%
(장식스티치 또는 두꺼운 원단 봉제시 사용)

Strong
일반봉제사와 달리 실 중심에
나일론사가 들어있기 때문에
훨씬 더 강하고 고급스럽다

Best Design
가정용 미싱에 사용하기 좋은
효율적인 디자인과 사이즈로,
실패 끝에는 여닫는 부분이 있어
사용과 관리가 무척 편리하다

제품가격 : 2,400원

〈 구입처 〉
패션스타트 (fashionstart.net) / 패션스타트NCC 대리점
심플소잉 (simplesewing.co.kr) / 심플소잉NCC 대리점
퀼트스타 (quiltstar.co.kr) / 컴홈 (comehome.co.kr) / 그 외 온・오프라인
더 자세한 상품정보가 궁금하시면 QR코드를 찍어주세요.